厚大法考 Judicial Examination

法考精神体系

名师精编　深研命题

理论法突破119题

应试提点　实战推演

白　斌◎编著｜厚大出品

中国政法大学出版社

人生在勤 不索何获

《《《 厚大在线 》》》

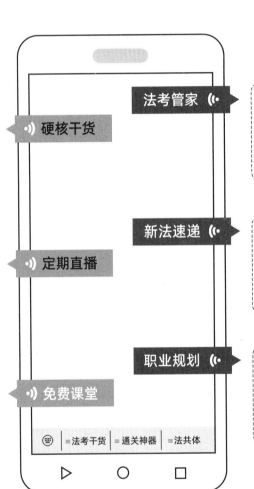

八大学科学习方法、新旧大纲对比及增删减总结、考前三页纸等你解锁。

硬核干货

备考阶段计划、心理疏导、答疑解惑,专业讲师与你相约"法考星期天"直播间。

定期直播

图书各阶段配套名师课程的听课方式,课程更新时间获取,法考必备通关神器。

免费课堂

法考管家

法考公告发布、大纲出台、主客观报名时间、准考证打印等,法考大事及时提醒。

新法速递

新修法律法规、司法解释实时推送,最高院指导案例分享;牢牢把握法考命题热点。

职业规划

了解各地实习律师申请材料、流程,律师执业手册等,分享法律职业规划信息。

法考干货 | 通关神器 | 法共体

《《《 更多信息
关注厚大在线

HOUDA

做法治之光

——致亲爱的考生朋友

如果问哪个群体会真正认真地学习法律，我想答案可能是备战法考的考生。

当厚大的老总力邀我们全力投入法考的培训事业，他最打动我们的一句话就是：这是一个远比象牙塔更大的舞台，我们可以向那些真正愿意去学习法律的同学普及法治的观念。

应试化的法律教育当然要帮助同学们以最便捷的方式通过法考，但它同时也可以承载法治信念的传承。

一直以来，人们习惯将应试化教育和大学教育对立开来，认为前者不登大雅之堂，充满填鸭与铜臭。然而，没有应试的导向，很少有人能够真正自律到系统地学习法律。在许多大学校园，田园牧歌式的自由放任也许能够培养出少数的精英，但不少学生却是在游戏、逃课、昏睡中浪费生命。人类所有的成就靠的其实都是艰辛的训练；法治建设所需的人才必须接受应试的锤炼。

应试化教育并不希望培养出类拔萃的精英，我们只希望为法治建设输送合格的人才，提升所有愿意学习法律的同学整体性的法律知识水平，培育真正的法治情怀。

厚大教育在全行业中率先推出了免费视频的教育模式，让优质的教育从此可以遍及每一个有网络的地方，经济问题不会再成为学生享受这些教育资源的壁垒。

最好的东西其实都是免费的，阳光、空气、无私的爱，越是弥足珍贵，越是免费的。我们希望厚大的免费课堂能够提供最优质的法律教育，一如阳光遍洒四方，带给每一位同学以法律的温暖。

没有哪一种职业资格考试像法考一样，科目之多、强度之大令人咂舌，这也是为什么通过法律职业资格考试是每一个法律人的梦想。

法考之路，并不好走。有沮丧、有压力、有疲倦，但愿你能坚持。

坚持就是胜利，法律职业资格考试如此，法治道路更是如此。

当你成为法官、检察官、律师或者其他法律工作者，你一定会面对更多的挑战、更多的压力，但是我们请你持守当初的梦想，永远不要放弃。

人生短暂，不过区区三万多天。我们每天都在走向人生的终点，对于每个人而言，我们最宝贵的财富就是时间。

感谢所有参加法考的朋友，感谢你愿意用你宝贵的时间去助力中国的法治建设。

我们都在借来的时间中生活。无论你是基于何种目的参加法考，你都被一只无形的大手抛进了法治的熔炉，要成为中国法治建设的血液，要让这个国家在法治中走向复兴。

数以万计的法条，盈千累万的试题，反反复复的训练。我们相信，这种貌似枯燥机械的复习正是对你性格的锤炼，让你迎接法治使命中更大的挑战。

亲爱的朋友，愿你在考试的复习中能够加倍地细心。因为将来的法律生涯，需要你心思格外的缜密，你要在纷繁芜杂的证据中不断搜索，发现疑点，去制止冤案。

　　亲爱的朋友，愿你在考试的复习中懂得放弃。你不可能学会所有的知识，抓住大头即可。将来的法律生涯，同样需要你在坚持原则的前提下有所为、有所不为。

　　亲爱的朋友，愿你在考试的复习中沉着冷静。不要为难题乱了阵脚，实在不会，那就绕道而行。法律生涯，道阻且长，唯有怀抱从容淡定的心才能笑到最后。

法律职业资格考试不仅仅是一次考试，它更是你法律生涯的一次预表。
我们祝你顺利地通过考试。
不仅仅在考试中，也在今后的法治使命中——
不悲伤、不犹豫、不彷徨。
但求理解。

厚大®全体老师　谨识

序 言 ▶PREFACE

作为笔者多年以来授课经验与心血之凝结的"理论法学客观题四部曲"，各有其使命和特色。《理论卷》的主要任务在于夯实基础，其追求的是全面呈现理论法学可考的知识要点和细节；《真题卷》的主要任务在于展示特定知识点在历年真题中被考查的状况，意图帮助考生总结并把握命题规律，做到知己知彼；《背诵卷》以高度凝练、重点突出的方式完成考前冲刺，其追求的是针对当年的考试实现精确预测、直击考点；《金题卷》的使命则在于以高度仿真的题目，检验考生对于基本知识点的掌握情况，意图帮助学生在实战中成长、在错误中超越，最终走向对知识点的妥当理解和精确识记。此"四部曲"的设计分别对应法律职业资格考试理论法学整体复习过程的四个阶段，构成了一个由繁到简、稳步提升的科学体系。

正是基于上述体系框架和功能定位，在2024版《金题卷》的修订过程中，笔者意图完整地渗透如下理念：

1. 全面性：把知识点问题化，以考题的方式把《理论卷》中的重要命题点考查一遍，尽可能网罗所有可能的考点；同时，根据2024年法考大纲的变化，新增或更新了相关考题，删掉了一些本年度不会考查的知识点。

2. 高度仿真性：为保证模拟题的科学性，在写作过程中，笔者搜罗了与法考理论法学命题人有关的所有题目，包括其参与命制的法律职业资格考试试题、硕士研究生入学考试试题、其所主持的大学法学课程的期末考试试题等，对题目难度加以强化改造，在保证试题科学性的基础上，强化其仿真性。

3. 高难度：在题型方面，本书全部采用多考点不定项选择题，这无疑加大了应试的难度，学生的基础知识必须非常扎实才行，仅靠对比、推测无法获得正确答案。当本书中的习题对你来说游刃有余的时候，那么正式考试对你来说根本就不成问题。

以上种种良苦用心，一言以蔽之，笔者试图将《金题卷》打造为最好的练习题集！但是在此有必要提醒读者的是，本书的定位是一本练习题集，对它的阅读和演练必须建立在系统学习《理论卷》和《真题卷》的基础之上，后者的学习是不可替代的步骤。而读者在通过本书检测你基本知识点的牢固程度之时，也请不要过度地关注你练习题正确的数量，而应当关心你对相应知识点是否已然掌握。

所有的努力都旨在帮助那些我认识或不认识的学生们，以实现他们的人生理想；同时也旨在筛选出那些既怀抱希望、为了理想坚韧前行，又有勇气直面惨淡的现实的法律人，为这个亟须法治营养的国家不断地注入新鲜健康的血液！而正是这一点，使我确信：我正在从事的是一项伟大的事业！

最后，我想感谢在众多的同类图书中选择了本书的你。长期以来，我一直苦恼：我们的学术专著写给谁看呢？只能写给学者看，人数少得可怜，大家都在一个狭窄的圈子里交流讨论、自说自话。所以我很喜欢法考培训课堂，因为在这里，我说话还有人听！不仅是听，而且是认真听！所以我讲得也认真。一个演员找到了属于自己的舞台，人生还有比这个更值得庆贺的大事吗？！

没有了！

白斌（竹西君）
2024 年 6 月 22 日
于中央财经大学

目 录

C ONTENTS 金题卷

第1编 习近平法治思想

专题 1 重大意义

1. 关于习近平法治思想形成发展的时代背景、逻辑以及历史进程，下列说法正确的有：（　　）

A. 习近平法治思想在推进伟大斗争、伟大工程、伟大事业、伟大梦想的实践之中完善形成，并随着实践的发展而进一步丰富。这体现的是其历史逻辑

B. 习近平法治思想深刻回答了为什么要依法治国、怎样依法治国等一系列重大问题

C. 当今世界，经济全球化顺利推进，世界经济一片繁荣，国家贸易和投资大幅度增长

D. 我国正在形成以国内大循环为主体、国内国际双循环相互促进的新发展格局

2. 古希腊思想家亚里士多德最早提出法治概念，他认为，"法治"应当包含的两重含义是：（　　）

A. 人权得到尊重和保障

B. 已经制定的法律获得普遍的服从

C. 法律本身是制定的良好的法律

D. 司法独立、律师自由

专题 2 核心要义

3. 关于全面推进依法治国，下列说法不正确的有：（　　）

A. 要完善中国特色社会主义法律体系，争取部门利益法律化，抑制争权诿责现象

B. 要健全执法体制，保证权责统一，完善多头执法、选择性执法的良性机制

C. 坚定不移走中国特色社会主义法治道路，这为全面推进依法治国指明了方向

D. 中国特色社会主义制度是全面推进依法治国的制度基础

4. 关于中国特色社会主义法治道路的基本内涵和原则，下列说法不正确的有：（   ）

A. 一个总揽全局、牵引各方的总抓手，就是形成完备的法律规范体系

B. 中纪委、政协、人大等国家法律监督体系是严密的法治监督体系的重要组成部分

C. 必须把人大总揽全局、协调各方同政府、政协、审判机关、检察机关依法依章程履行职能、开展工作统一起来

D. 坚持党的领导，必须善于使党组织内定的人选通过特殊渠道成为国家政权机关的领导人员

5. 全面推进依法治国的总目标是：（   ）

A. 建设社会主义法治国家

B. 实现"两个一百年"的奋斗目标

C. 建设中国特色社会主义法治体系

D. 建设富强、民主、文明的社会主义现代化国家

6. 关于全面推进依法治国，下列说法正确的有：（   ）

A. 中国共产党是依法治国的主体和力量源泉

B. 在我国，人民代表大会制度是保证人民当家作主的根本制度

C. 法治建设必须以维护社会稳定、促进社会发展为出发点和落脚点

D. 对人民来说，法律既是保障自身权利的有力武器，也是必须遵守的行为规范

7. 关于立法体制的完善，下列哪些选项的表述是正确的？（   ）

A. 凡立法涉及体制和政策调整的，必须报党中央讨论决定

B. 人大及其常委会应通过每届任期的立法规划、年度立法计划，加强对立法工作的通盘考虑和统筹安排

C. 由于某些法律的专业性较强，由有关政府部门起草法律草案确实有一些便利条件，因此适度的部门利益法律化是不可避免的

D. 对部门间争议较大的重要立法事项，由决策机关引入第三方评估，充分听取各方意见，协调决定

8. 关于加强重点领域立法，下列说法不正确的有：（　　）

A. 要完善保护私有财产权法律制度，清理修改不利于私有产权保护的法规政策，确保个人和非公企业法人财产权神圣不可侵犯，促进非公有制经济健康发展

B. 要加快税收立法步伐，完善税收法律制度，严格禁止各种税收减免

C. 要处理好政府与市场的关系，政府要最大限度地用行政手段配置好各种资源

D. 对于重大改革，可以先行先试，再立法

9. 关于用严格的法律制度保护生态环境，下列说法正确的有：（　　）

A. 生态环境问题是一个技术性问题、一个发展问题，会随着发展自然解决

B. 生态文明的法律制度，包括立法、执法、司法的出发点都应放在如何开发和利用自然为人服务上

C. 生态文明不是事后治理，而是源头防止，不是出了问题再来补救，而是破坏自然的事情根本就不做

D. 强化政府、经营者、消费者环境保护的法律责任，大幅度提高违法成本

10. 关于深入推进依法行政，加快建设法治政府，下列说法不正确的有：（　　）

A. 完善行政组织和行政程序法律制度，推进机构、职能、权限、程序、责任法定化，消灭自由裁量权

B. 对于行政机关而言，在紧急情况下，即便没有法律授权，也应积极作为

C. 行政机关有权依据规章作出减损公民、法人和其他组织合法权益或者增加其义务的决定

D. 推行政府权力清单制度，为权力设租寻租创造出一定的空间

11. 关于健全依法决策机制，下列哪些说法是不正确的？（　　）

A. 把公众参与、专家论证、风险评估、合法性审查、集体讨论决定确定为所有行政决策法定程序

B. 建立行政机关内部重大决策合法性审查机制，未经合法性审查的，必须经领导人员集体讨论方可实施

C. 积极推行政府法律顾问制度，建立以律师为主体、吸收政府法制机构人员和专家参加的法律顾问队伍

D. 积极推进并加快完善政府法律顾问制度，使其工作覆盖政府的所有行政行为

12. 关于全面推进政务公开，下列哪些说法是不正确的？（　　）

A. 政务公开应坚持以全面公开、完整公开、绝对公开为原则

B. 除决策不宜公开外，要积极推进执行公开、管理公开、服务公开、结果公开

C. 各级政府及其工作部门依据权力清单，向社会全面公开政府职能、法律依据、实施主体、职责权限、监督方式等事项，但管理流程不宜公开

D. 重点推进财政预算、公共资源配置、重大建设项目批准和实施、社会公益事业建设等领域的政府信息公开

13. 关于优化司法职权配置，下列哪些说法是不正确的？（　　）

A. 建立公安机关、检察机关、审判机关、司法行政机关各司其职，侦查权、检察权、审判权、执行权相互配合、相互制约的体制机制

B. 检察机关在履行职责中发现行政机关违法行使职权或者不行使职权的行为，应该直接作出正确的行政行为

C. 完善合议庭、审判委员会、检察委员会办案责任制，落实集体负责制

D. 建立行政执法机关、公安机关、检察机关、审判机关信息共享、案情通报、案件移送制度，坚决克服有案不移、有案难移现象，鼓励以罚代刑

14. 关于加强对司法活动的监督，下列哪一说法是正确的？（　　）

A. 禁止司法人员与当事人、律师、特殊关系人、中介组织的接触、交往行为

B. 严禁司法人员泄露或者为当事人及律师打探案情、接受吃请或者收受其

财物、为律师介绍代理和辩护业务等违法违纪行为

C. 依法规范司法掮客行为和利益输送

D. 坚决破除各种潜规则，除法定情况下需要法外开恩的以外，绝不允许办关系案、人情案、金钱案

15. 关于推动全社会树立法治意识，下列哪一说法是正确的？（　　）

A. 坚持把全民普法和守法作为树立法治意识的关键，深入开展法治宣传教育

B. 坚持把领导干部带头学法、模范守法作为依法治国的长期基础性工作

C. 健全普法责任制，实行国家机关"谁守法谁普法"的普法责任制

D. 增强法治的道德底蕴，要把道德建设融入法治建设的各个环节，强化规则意识，倡导契约精神

16. 关于健全依法维权和化解纠纷机制，下列哪一表述是正确的？（　　）

A. 把信访纳入法治化轨道，保障合理合法诉求依照法律规定和程序就能得到合理合法的结果

B. 在社会治理规则体系中，法律法规居于基础性的地位，依法治理主要就是依据法律法规进行社会治理，因此要弱化市民公约、乡规民约、行业规章、团体章程等社会规范在社会治理中的作用

C. 加强行业性、专业性人民调解组织建设，完善立法调解、行政调解、司法调解联动工作体系

D. 健全行政裁决制度，强化行政机关解决各种民事纠纷功能

17. 关于加强法治工作队伍建设，下列哪些说法是正确的？（　　）

A. 各级党政机关、人民团体、国有企事业普遍建立法律顾问、公职律师和公司律师制度

B. 公职律师应负责论证并决策，作出法律决定，促进依法办事，防范法律风险

C. 建立控制法律服务人才跨区域过度流动机制，逐步解决基层和欠发达地区法律服务资源不足和高端人才匮乏问题

D. 仲裁员和司法鉴定人员属于法律服务队伍

18. 关于坚持建设德才兼备的高素质法治工作队伍，下列说法正确的是：（　　）

　　A. 建立法律职业准入、资格管理制度，完善法律职业人员统一职前培训制度和在职法官、检察官、警官、律师同堂培训制度

　　B. 完善从符合条件的律师、法学专家中招录立法工作者、法官、检察官、行政复议人员制度

　　C. 建立健全立法、执法、司法部门干部和人才常态化交流机制，逐步降低法治专门队伍与其他部门干部和人才之间的交流程度

　　D. 对于世界上的优秀法治文明成果，不妨先囫囵吞枣、照搬照抄，吸收进来以后再选择性地转化

专题 ❸ 实践要求

19. 关于全面推进依法治国，下列说法不正确的有：（　　）

　　A. 除中国共产党外，任何组织和个人都不得有超越宪法法律的特权

　　B. 法治建设必须以规范和约束公权力为重点，加大监督力度，做到有权必有责、用权受监督、违法必追究

　　C. 国家和社会治理需要法律和道德共同发挥作用，两手都要抓，主要强调道德在国家治理中的重要作用

　　D. 全面推进依法治国，必须坚持拿来主义，借鉴国外法治有益经验，为我所用

20. 党规党法，即党内行为规范的总称。据此，下列说法正确的是：（　　）

　　A. 在特定的情况下，法官在裁判案件过程中可以引用党规党法

　　B. 党规党法在我国具有普遍法律效力

　　C. 党内法规既是管党治党的重要依据，也是建设社会主义法治国家的有力保障

　　D. 党的纪律是党内规矩，党规党纪高于国家法律

答案及解析

1. [答案] D

[解析] A 项错误，体现的是实践逻辑。

B 项错误，回答的是新时代为什么要全面依法治国、怎样全面依法治国等一系列重大问题。

当今世界正经历百年未有之大变局，经济全球化遭遇逆流，保护主义、单边主义上升，世界经济低迷，国家贸易和投资大幅萎缩。C 项错误。

2. [答案] BC

[解析] 古希腊思想家亚里士多德认为，"法治"应当包含两重含义：①已经制定的法律获得普遍的服从；②人们所服从的法律本身又是制定的良好的法律。BC 两项当选。

3. [答案] AB

[解析] 部门利益法律化、争权诿责现象是在立法工作领域亟须避免、克服的倾向。A 项错误，当选。

在行政执法领域，执法体制权责脱节、多头执法、选择性执法现象属于不健康、不规范的不利趋向，因此要大力抑制。B 项错误，当选。

全面推进依法治国，必须首先明确道路问题。坚定不移走中国特色社会主义法治道路，这为全面推进依法治国指明了方向。中国特色社会主义法治道路，是中国特色社会主义道路这条总道路在法治建设领域的具体体现。C 项正确，不当选。

全面推进依法治国的制度基础是中国特色社会主义制度。D 项正确，不当选。

4. [答案] ABCD

[解析] 一个总揽全局、牵引各方的总抓手，就是构建完善的中国特色社会主义法治体系、建设社会主义法治国家。形成完备的法律规范体系仅仅涉

及立法方面，很难说是总揽全局、牵引各方的。A 项错误，当选。

中纪委、政协并不属于国家机关，其不行使国家公权力，所以它们的监督不属于国家法律监督体系，而属于社会法律监督体系。不论是国家法律监督体系还是社会法律监督体系，均属于法治监督体系的一个重要组成部分。B 项错误，当选。

必须坚持党领导立法、保证执法、支持司法、带头守法，把依法治国基本方略同依法执政基本方式统一起来，把党总揽全局、协调各方同人大、政府、政协、审判机关、检察机关依法依章程履行职能、开展工作统一起来，把党领导人民制定和实施宪法法律同党坚持在宪法法律范围内活动统一起来。总揽全局、协调各方的是党，而不是人大。C 项错误，当选。

坚持党的领导，必须善于使党组织推荐的人选通过法定程序成为国家政权机关的领导人员，而不能有什么特殊渠道。D 项错误，当选。

5. [答案] AC

[解析] 全面推进依法治国，总目标是建设中国特色社会主义法治体系，建设社会主义法治国家，就是在中国共产党领导下，坚持中国特色社会主义制度，贯彻中国特色社会主义法治理论，形成完备的法律规范体系、高效的法治实施体系、严密的法治监督体系、有力的法治保障体系，形成完善的党内法规体系，坚持依法治国、依法执政、依法行政共同推进，坚持法治国家、法治政府、法治社会一体建设，实现科学立法、严格执法、公正司法、全民守法，促进国家治理体系和治理能力现代化。AC 两项当选。

6. [答案] D

[解析] 人民是依法治国的主体和力量源泉，而不是中国共产党。A 项错误。

人民代表大会制度是保证人民当家作主的根本政治制度，而非根本制度。我国的根本制度是社会主义制度。B 项错误。

必须坚持法治建设为了人民、依靠人民、造福人民、保护人民，以保障人民根本权益为出发点和落脚点。C 项错误。

必须使人民认识到，法律既是保障自身权利的有力武器，也是必须遵守的行为规范，增强全社会学法尊法守法用法意识，使法律为人民所掌握、所遵守、所运用。D项正确。

7. 答案 BD

解析 凡立法涉及重大体制和重大政策调整的，必须报党中央讨论决定。可见，必须是"重大的"体制和政策调整，才必须报党中央讨论决定，不是所有体制和政策调整都报。A项错误。

人大及其常委会应通过每届任期的立法规划、年度立法计划，加强对立法工作的通盘考虑和统筹安排。B项正确。

部门利益法律化、地方保护主义是一定要反对的。要明确立法权力边界，从体制机制和工作程序上有效防止部门利益法律化和地方保护主义。C项错误。

对部门间争议较大的重要立法事项，由决策机关引入第三方评估，充分听取各方意见，协调决定，不能久拖不决。D项正确。

✎ 设题陷阱及常见错误分析

部门利益法律化和地方保护主义一定是错的。

8. 答案 ABCD

解析 要完善保护私有财产权法律制度，清理修改不利于私有产权保护的法规政策，确保个人和非公企业法人财产权不受侵犯，促进非公有制经济健康发展。神圣不可侵犯的是社会主义公共财产，而非个人和非公企业法人财产权。A项错误，当选。

要加快税收立法步伐，完善税收法律制度，修订《税收征收管理法》，严格禁止各种越权的税收减免。可见，严格禁止的只是越权的税收减免，而不是禁止所有的税收减免。B项错误，当选。

要处理好政府与市场的关系，发挥中央和地方两个积极性，加强政府的战略规划制定、市场监管和公共服务职能。各级政府领导干部要转变观念，提高适应市场经济要求的法治观念、法律意识，带头尊重法律，维护法律的权威，严格在法律的范围内活动。特别是在资源配置方面，政府要最大限度地避免用行政手段配置各类资源。市场经济是市场在资源配置中发挥基础作用的经济。C项错误，当选。

要实现立法和改革决策相衔接，做到重大改革于法有据、立法主动适应改革和经济社会发展需要。实践证明行之有效的，要及时上升为法律。实践条件还不成熟、需要先行先试的，要按照法定程序作出授权。对不适应改革要求的法律法规，要及时修改和废止。D项错误，当选。

9. [答案] C

[解析] 过去，人们把生态环境问题当作一个技术性问题，认为其是一个发展问题，以为生态环境问题会随着发展自然解决。现在，我们认识到，生态环境问题不仅是一个技术性问题、发展问题，更是一个体制问题、法律问题。A项错误。

生态环境的破坏，是人类对自然无度无序没有底线开发的结果，矛盾的主要方面在人，不在自然。建设生态文明，关键要纠正人的行为，从征服自然、损害自然、破坏自然，转向尊重自然、顺应自然、保护自然。生态文明的法律制度，包括立法、执法、司法的出发点都应放在如何约束和调整人的行为上。B项错误。

生态文明与工业文明的区别在于，生态文明不是事后治理，而是源头防止，不是出了问题再来补救，而是破坏自然的事情根本就不做。要用严格的法律制度保护生态环境，加快建立有效约束开发行为和促进绿色发展、循环发展、低碳发展的生态文明法律制度，执法和司法要按照谁污染谁付费，谁破坏谁受罚的原则，强化生产者环境保护的法律责任，大幅度提高违法成本。C项正确，D项错误。

10. [答案] ABCD

[解析] 完善行政组织和行政程序法律制度，推进机构、职能、权限、程序、责任法定化。但一定限度内的自由裁量权是必要的，也是无法消灭的。A项错误，当选。

行政机关要坚持法定职责必须为、法无授权不可为，勇于负责、敢于担当，坚决纠正不作为、乱作为，坚决克服懒政、怠政，坚决惩处失职、渎职。B项错误，当选。

行政机关不得法外设定权力，没有法律法规依据，不得作出减损公民、法人和其他组织合法权益或者增加其义务的决定。C项错误，当选。

推行政府权力清单制度，坚决消除权力设租寻租空间。D项错误，当选。

11. [答案] ABCD

[解析] 把公众参与、专家论证、风险评估、合法性审查、集体讨论决定确定为重大行政决策法定程序，确保决策制度科学、程序正当、过程公开、责任明确。如此严格繁密的程序只适用于重大行政决策，而非所有行政决策。A项错误，当选。

同样的道理，我们要建立的是行政机关内部重大决策合法性审查机制，未经合法性审查或经审查不合法的，不得提交讨论，而非经领导人员集体讨论方可实施。B项错误，当选。

积极推行政府法律顾问制度，建立政府法制机构人员为主体、吸收专家和律师参加的法律顾问队伍，保证法律顾问在制定重大行政决策、推进依法行政中发挥积极作用。C项错误，当选。

积极推进并加快完善政府法律顾问制度，使其工作覆盖政府的主要行政行为，有利于规范政府行为，不断提升依法行政水平。可见，法律顾问的工作不可能覆盖政府的所有行政行为。D项错误，当选。

12. [答案] ABC

[解析] 政务公开应坚持以公开为常态、不公开为例外原则，推进决策公开、执行公开、管理公开、服务公开、结果公开。AB两项错误，当选。

各级政府及其工作部门依据权力清单，向社会全面公开政府职能、法律依据、实施主体、职责权限、管理流程、监督方式等事项。C项错误，当选。

重点推进财政预算、公共资源配置、重大建设项目批准和实施、社会公益事业建设等领域的政府信息公开。D项正确，不当选。

13. [答案] ABCD

[解析] 健全公安机关、检察机关、审判机关、司法行政机关各司其职，侦查权、检察权、审判权、执行权相互配合、相互制约的体制机制。该体制机制已经建立，现在是健全完善的问题。A项错误，当选。

完善对涉及公民人身、财产权益的行政强制措施实行司法监督制度。检察机关在履行职责中发现行政机关违法行使职权或者不行使职权的行为，应该督促其纠正。检察机关并非行政机关，不能作出行政行为。B项错误，当选。

完善主审法官、合议庭、主任检察官、主办侦查员办案责任制，落实谁办案谁负责。C项错误，当选。

健全行政执法和刑事司法衔接机制，完善案件移送标准和程序，建立行政执法机关、公安机关、检察机关、审判机关信息共享、案情通报、案件移送制度，坚决克服有案不移、有案难移、以罚代刑现象，实现行政处罚和刑事处罚无缝对接。D项错误，当选。

14. [答案] B

[解析] 依法规范司法人员与当事人、律师、特殊关系人、中介组织的接触、交往行为。A项过于极端，完全禁止就没办法开展工作了，需要的是依法规范。A项错误。

严禁司法人员私下接触当事人及律师、泄露或者为其打探案情、接受吃请或者收受其财物、为律师介绍代理和辩护业务等违法违纪行为，坚决惩治司法掮客行为，防止利益输送。B项正确，C项错误。

坚决破除各种潜规则，绝不允许法外开恩，绝不允许办关系案、人情案、金钱案。D项错误。

15. [答案] D

[解析] 坚持把全民普法和守法作为依法治国的长期基础性工作，深入开展法治宣传教育，注重对法治理念、法治思维和法治信仰的培育，引导全民自觉守法、遇事找法、解决问题靠法。坚持把领导干部带头学法、模范守法作为树立法治意识的关键，完善国家工作人员学法用法制度，把宪法法律列入党委（党组）中心组学习内容，列为党校、行政学院、干部学院、社会主义学院必修课。AB两项定位错误。

健全普法责任制，实行国家机关"谁执法谁普法"的普法责任制，落实各部门行业及社会各单位的普法责任。C项错误。

法律是成文的道德，道德是内心的法律，二者相互依存，具有天然的联系和共同的价值取向。要坚持依法治国和以德治国相结合，把他律和自律结合起来。深入挖掘和阐发中华优秀传统文化讲仁爱、重民本、守诚信、崇正义、尚和合、求大同的时代价值，增强法治的道德底蕴。要把道德建设融入法治建设的各个环节，强化规则意识，倡导契约精神，弘扬公序良俗。D 项正确。

16. [答案] A

[解析] 构建对维护群众利益具有重大作用的制度体系，建立健全社会矛盾预警机制、利益表达机制、协商沟通机制、救济救助机制，畅通群众利益协调、权益保障法律渠道。把信访纳入法治化轨道，保障合理合法诉求依照法律规定和程序就能得到合理合法的结果。A 项正确。

在社会治理规则体系中，法律法规居于基础性的地位，依法治理主要就是依据法律法规进行社会治理。同时，现代社会纷繁复杂，社会治理规则体系也不是单一的、同质的，而是由不同类别、不同层级、不同效力的社会规范构成的集合体，除了国家法律法规之外，市民公约、乡规民约、行业规章、团体章程等社会规范，对其效力所及的组织和成员个人具有重要的规范、指引和约束作用，也是治理社会公共事务的重要依据和遵循。要发挥市民公约、乡规民约、行业规章、团体章程等社会规范在社会治理中的积极作用。B 项错误。

加强行业性、专业性人民调解组织建设，完善人民调解、行政调解、司法调解联动工作体系。C 项错误，不存在立法调解的方式。

健全行政裁决制度，强化行政机关解决同行政管理活动密切相关的民事纠纷功能。D 项错误。

17. [答案] AD

[解析] 各级党政机关、人民团体、国有企事业普遍建立法律顾问、公职律师和公司律师制度，健全相关工作规则，参与决策论证，提供法律意见，促进依法办事，防范法律风险。A 项正确，B 项错误。

建立激励法律服务人才跨区域流动机制，逐步解决基层和欠发达地区法律服务资源不足和高端人才匮乏问题。C 项错误。

发展仲裁员、司法鉴定人员、公证员、基层法律服务工作者、人民调解员队伍，推动法律服务志愿者队伍建设。D项正确。

18. [答 案] B

[解 析] 完善法律职业准入、资格管理制度，建立法律职业人员统一职前培训制度和在职法官、检察官、警官、律师同堂培训制度。A项错误。

建立健全立法、执法、司法部门干部和人才常态化交流机制，加大法治专门队伍与其他部门具备条件的干部和人才交流力度。C项错误。

必须坚持以我为主、为我所用，认真鉴别、合理吸收，积极吸收、借鉴世界各国优秀法治文化，有选择、有甄别地吸收和转化，不能囫囵吞枣、照搬照抄。D项错误。

19. [答 案] ACD

[解 析] 任何组织和个人都必须尊重宪法法律权威，都必须在宪法法律范围内活动，都必须依照宪法法律行使权力或权利、履行职责或义务，都不得有超越宪法法律的特权。A项错误，当选。

全面推进依法治国，必须以规范和约束公权力为重点，加大监督力度，做到有权必有责、用权受监督、违法必追究。B项正确，不当选。

国家和社会治理需要法律和道德共同发挥作用。必须一手抓法治，一手抓德治。但是现代社会的国家治理当然应当以法治为主。C项错误，当选。

全面推进依法治国，要汲取中华法律文化精华，借鉴国外法治有益经验，但决不照搬外国法治理念和模式。而拿来主义就意味着照搬照抄。D项错误，当选。

✎ 设题陷阱及常见错误分析

在学习、借鉴西方的过程中，必须坚持以我为主、为我所用，认真鉴别、合理吸收。

20. [答 案] C

[解 析] 党规党法不具有明确规定的法效力，但具有法律说服力并能够构成法律推理的大前提的准则来源，因此属于非正式渊源。A项错误。

法的普遍有效性，是指法在国家权力所及范围内，具有普遍的约束力，此种普遍性具体体现为其调整对象的不特定性和反复适用性。党规党法本身便不属于国法的范畴，其只对党组织和党员有效，因此谈不上具有普遍效力。B 项错误。

党内法规既是管党治党的重要依据，也是建设社会主义法治国家的有力保障。C 项正确。

党的纪律是党内规矩。党规党纪严于国家法律，党的各级组织和广大党员干部不仅要模范遵守国家法律，而且要按照党规党纪以更高标准严格要求自己，坚定理想信念，践行党的宗旨，坚决同违法乱纪行为作斗争。D 项错误。

第2编 法理学

专题 ④ 法的本体

21. 《安提戈涅》是古希腊悲剧的经典。故事发生在底比斯。波吕涅克斯背叛城邦，勾结外邦进攻底比斯而战死。底比斯国王克瑞翁下令禁止埋葬波吕涅克斯，违令者处以死刑。波吕涅克斯的妹妹安提戈涅毅然按照传统的城邦习惯埋葬了她哥哥。面对克瑞翁，安提戈涅说："天神制定的不成文律条永恒不变，它的存在不限于今日和昨日，而是永久的，也没有人知道它是什么时候出现的。""我并不认为你的命令是如此强大有力，以至于你，一个凡人，竟敢僭越诸神不成文的且永恒不衰的法。不是今天，也非昨天，它们永远存在，没有人知道它们在时间上的起源！"最终，认为自己的命令受到触犯的克瑞翁恼羞成怒，下令处死安提戈涅。

关于本案，下列说法不正确的有：（　　　）

A. 由安提戈涅的言辞和行为可以看出，其在法的概念的问题上持"恶法非法"的实证主义立场

B. 从克瑞翁的行为推测，他可能认为法与道德本质上没有必然联系

C. 世界上存在着诸神不成文的且永恒不衰的法

D. 在安提戈涅看来，克瑞翁国王的所有命令都不是法，都没有法律效力

22. 关于法与道德的关系的论述，下列各项正确的有：（　　　）

A. 强调依法治国和以德治国相结合，这就意味着在新的历史时期，应当让法与道德达到浑然一体的状态

B. 分析主义法学以社会实效为法的首要定义要素，主张恶法非法，因此属

于非实证主义

    C. 一般来说，古代法学家更多地强调道德在社会调控中的首要或主要地位，对法的强调也更多地在其惩治功能上

    D. 从马克思主义观点看，法和道德都是在人类社会中自然演进生成的，具有历史性和非建构性

23. 下列说法中，符合马克思主义法学立场的是：（　　　）

    A. 尽管国家强制是必不可少的，但法的实现主要依靠社会成员的自觉遵守

    B. 法所体现的国家意志，从表面上看，具有一定的公共性、中立性

    C. 统治阶级也要遵守法律，因为法律确认了他的根本利益和共同意志，守法正是对本阶级最大利益的维护

    D. 法在本质上是社会中最广大人民共同意志的体现

24. 下列哪些选项体现了法律的可诉性特征？（　　　）

    A. 法国国会制定《法国民法典》

    B. 甲公司和乙公司将双方之间的合同纠纷提交仲裁机关仲裁

    C. 因房屋被拆，公民车某依法向法院寻求救济

    D. 在新冠疫情防控期间，疑似患者金某被强制隔离

25. 《民用航空法》第 5 条规定："本法所称民用航空器，是指除用于执行军事、海关、警察飞行任务外的航空器。"根据法理学的有关原理，下列表述正确的是：（　　　）

    A. 该规定属于技术规范，表达的是一条强行性规则

    B. 该规定属于非规范性条文，其所在的《民用航空法》属于规范性法文件

    C. 该规定对于执行军事、海关、警察飞行任务的航空器构成了歧视

    D. 该规定没有体现法的普遍性特征

26. 2024 年 6 月 1 日，被告人刘某租乘汽车从湖北省石首市前往广西壮族自治区宁明县，准备向被告人黎某购买海洛因用于贩卖牟利。次日中午，刘某先后 2 次以每块 10 万元的价格从黎某处购得海洛因共 4 块。同月 3 日凌晨，刘某携带所购海洛因乘汽车返回湖北省途中被抓获，公安人员当

场查获海洛因共计1487.4克。法院认为，被告人刘某以贩卖为目的购买毒品，其行为已构成贩卖毒品罪，故而依法对被告人刘某判处有期徒刑15年。关于法院依法认定刘某的行为构成贩卖毒品罪，所体现的法的作用是：（　　）

A. 强制作用

B. 教育作用

C. 评价作用

D. 指引作用

27. 马克思曾言："立法者不是在创造法律，而是在表述法律。"对此，根据法理学的相关知识，下列说法不正确的有：（　　）

　　A. 这说明立法过程不具有创造性

　　B. 这说明法律以社会为基础，人们在立法过程中受到社会物质生活条件的制约

　　C. 这说明社会中的利益需要才是真正的立法者，现实中的立法者只需要把这种利益需要写出来即可

　　D. 这说明法律人在立法过程中不能有自己的价值立场

28. 《民法典》第1186条规定："受害人和行为人对损害的发生都没有过错的，依照法律的规定由双方分担损失。"对于这一条款，下列说法不正确的有：（　　）

　　A. 该条规定的内容具体明确，不需要解释

　　B. 该条规定的主要目的在于实现法的自由价值

　　C. 该条规定比较简单，属于法律原则，法官在裁判案件过程中不能优先适用

　　D. 该条规定涉及侵权人和被侵权人之间的利益冲突的解决

29. 关于法律条文、法律规则及其逻辑结构，下列说法正确的有：（　　）

　　A. 在法律规则的三要素中，除行为模式不可省略外，假定部分和法律后果在条文中均可省略

　　B. 法律规则也可能以陈述句的形式表达

　　C. 所有表述法律规则的语句都可以带上道义助动词

　　D. 法律条文都表述法律规范（法律原则或法律规则）

30. 《宪法》第 25 条规定："国家推行计划生育，使人口的增长同经济和社会发展计划相适应。"

（1）对此条文，下列说法不正确的是：（　　）

　　A. 该条文属于义务性规则

　　B. 该条文属于确定性规则

　　C. 该条文属于强行性规则

　　D. 该条文属于第一性规则

（2）对此条文，下列判断不正确的有：（　　）

　　A. 该条文体现了国家政策的要求，其适用可以弥补法律规则的漏洞

　　B. 该条文以"全有或全无"的方式应用于个案

　　C. 该条文在适用时既关注共性，也关注个别性

　　D. 在具体案件中，可以优先适用该条文

31. 《治安管理处罚法》第 14 条规定："盲人或者又聋又哑的人违反治安管理的，可以从轻、减轻或者不予处罚。"关于该条，下列说法不正确的是：（　　）

A. 该条对于有关公安机关、盲人和又聋又哑的人具有指引作用

B. 该条属于政策性原则，体现了立法者在对残疾人施加行政处罚问题上的价值立场

C. 该条属于确定性规则，规定的主要目的是实现法的自由价值

D. 该条在治安管理处罚方面给予残疾人优待，有悖于法律面前人人平等原则

32. 《宪法》第 21 条第 1 款规定："国家发展医疗卫生事业，发展现代医药和我国传统医药，鼓励和支持农村集体经济组织、国家企业事业组织和街道组织举办各种医疗卫生设施，开展群众性的卫生活动，保护人民健康。"对该条文，下列说法正确的是：（　　）

A. 该条文为非规范性条文

B. 该条文为确定性规则

C. 该条文在司法实践中可以优先适用

D. 该条文可以通过"个案平衡原则"获得适用

33. 我国某自治州政府第8次会议通过了《关于加强本州苏绣文化保护的办法》。关于该办法，下列说法正确的有：（   ）

A. 该办法应当报送其所在的省级人大常委会批准后生效

B. 该办法有权对法律、行政法规的规定作出变通规定，但是不得违背法律或者行政法规的基本原则

C. 该办法生效后，由本级人大常委会发布公告予以公布

D. 该办法生效后，在我国属于正式法律渊源，法官裁判案件可以直接引用

E. 该办法与文化部的某规章的规定不一致时，应由国务院提出意见适用该办法，或者由国务院提请全国人大常委会裁决适用部门规章

F. 该办法应当报本级人大常委会、省级政府、省级人大常委会和国务院备案

G. 国务院认为该办法与法律相抵触的，有权向全国人大常委会书面提出审查的要求

34. 根据《立法法》的规定，一般而言，下列哪些事项只能制定法律？（   ）

A. 国家监察委员会的产生、组织和职权

B. 教育、科学、文化、卫生、体育制度

C. 对国有财产的征收和征用

D. 税种的设立、税率的确定、税收征收管理等税收基本制度

35. 《劳动法》第13条规定："妇女享有与男子平等的就业权利。在录用职工时，除国家规定的不适合妇女的工种或者岗位外，不得以性别为由拒绝录用妇女或者提高对妇女的录用标准。"对此，下列说法错误的是：（   ）

A. 《劳动法》不属于我国的基本法律

B. 相对于《妇女权益保障法》，该条规定属于特别法，在劳动争议解决中应优先适用

C. 该条规定中对价值问题的处理，体现了个案中的比例原则

D. 该条规定所追求的价值是法的最高价值

36. 关于法律部门和法律体系，下列理解正确的是：（   ）

A. 大多数规范性法文件同时包含属于多个法律部门的规范

B. 行政法部门就是由行政法规和行政规章构成的

C. 在古印度，因为法律不独立，所以谈不上法律体系的存在

D. 我国的法律体系包括国际公法、国际经济法等

37. 关于法的效力，下列说法不正确的有：（　　）

A. 我国法律的空间效力遵循以属地主义为主、以属人主义和保护主义为补充的原则

B. 以默示方式终止法律的效力时，一般采用特别法优于一般法的原则使其在事实上被废止

C. 法律的时间效力仅指法律何时生效、何时终止效力的问题

D. 法治的一般要求是新法具有溯及力

38. 关于法律关系，下列说法正确的是：（　　）

A. 王某伤害李某，所以二人之间的法律关系具有违法性

B. 赵某与刘某通过登记缔结婚姻关系，说明这种法律关系主要体现婚姻双方的意志

C. 交警陈某对闯红灯的申某罚款 15 元，这里涉及的法律关系属于保护性法律关系

D. 于某被韩某杀害，导致于某及其妻的婚姻关系解除。在本案中，婚姻关系解除乃是基于法律行为

39. 张某向好友王某借了后者所有的价值 8 万元的珍珠项链以在结婚典礼上佩戴，却不小心被孙某窃走。后孙某被公安机关抓获，交代了自己的犯罪事实。法院依法判处其有期徒刑 5 年。就本案，下列说法不正确的有：（　　）

A. 张某和王某之间借用项链所形成的法律关系属于调整性法律关系

B. 张某和王某之间借用项链所形成的法律关系属于横向法律关系

C. 孙某因盗窃而形成的与公安机关、法院之间的关系属于纵向法律关系

D. 王某因对其项链享有所有权而形成的法律关系属于保护性法律关系

40. 关于法律责任，下列表述能够成立的是：（　　）

A. 党员违反党纪的，应承担法律责任

B. 追究法律责任的最终依据只能是狭义上的法律

C. 有些情况下，行为人没有主观过错也要承担法律责任

D. 设定法律责任的主要目的在于对违法者进行法律制裁

专题 5 法的运行

41. 关于全国人大及其常委会的立法程序，下列说法正确的有：（　　）

　　A. 30 名以上的全国人大代表联名或者常委会组成人员 10 人以上联名，可以向全国人大常委会提出法律案

　　B. 全国人大各专门委员会和国家监察委员会，既可以向全国人大提案，也可以向全国人大常委会提案

　　C. 全国人大常委会委员长会议和国务院，既可以向全国人大提案，也可以向全国人大常委会提案

　　D. 全国人大不采用全体会议的方式对法律案进行审议，全国人大常委会可能采用全体会议的方式审议法律案

　　E. 全国人大会议表决法律案时，代表可以表示赞成，可以表示反对，也可以表示弃权

42. 关于全国人大常委会的立法程序，下列说法不正确的有：（　　）

　　A. 常委会委员 10 人以上联名，可以就国计民生的任何重大问题，向全国人大常委会提出议案

　　B. 向常委会提出的议案，在交付表决前，提案人要求撤回的，由委员长会议审议决定是否终止审议

　　C. 列入常委会会议议程的法律案，一般应当经过 3 次委员长会议审议后再交付表决

　　D. 经委员长会议决定，可以将列入常委会会议议程的法律案的草案公布，征求意见

43. 关于法适用的一般原理，下列说法不正确的是：（　　）

　　A. 法律适用最直接的目标乃是获得一个具有可预测性和正当性的法律决定

　　B. 具体而言，法律适用的步骤是，首先选择和确定法律规范作为大前提，其次查明和确认案件事实作为小前提，最后推导出法律决定

　　C. 外部证成保证的是推理前提的合理性、可靠性

D. 在法律推理过程中，必然涉及法的价值判断

E. 法的发现是指法律人寻找法律规范等理由去证明法律判断的过程

44. 根据法理学的相关知识，下列说法不正确的有：（　　）

A.《治安管理处罚法》第 86 条第 1 款规定："询问聋哑的违反治安管理行为人、被侵害人或者其他证人，应当有通晓手语的人提供帮助，并在笔录上注明。"此规定在适用时不需要法律人进行推理

B.《计量法》第 32 条规定："中国人民解放军和国防科技工业系统计量工作的监督管理办法，由国务院、中央军事委员会依据本法另行制定。"此规定属于委任性规则

C.《商业银行法》第 17 条第 1 款规定："商业银行的组织形式、组织机构适用《中华人民共和国公司法》的规定。"此规定属于确定性规则

D. 某地发现一具女尸，王警官赶到现场，根据现场所得的证据，凭着多年的经验，他迅速判定，这是王某所为。在此过程中，王警官运用的是类比推理

45. 被告人梁某为骗取财物而购买了假手枪、假军人证及假军服，谎称自己是中国人民解放军空军某飞行师师长并授大校军衔，使用伪造的"兰州军区司令部"和"兰州军区空军司令部军务处"印章、军校招生表格等进行招摇撞骗活动，以帮助徐××的儿子退伍后转入军校读书为名，先后两次以需要"活动经费"为由骗取了徐××人民币 13 万元。后案发。杨法官在审理过程中发现，《刑法》第 372 条规定："冒充军人招摇撞骗的，处 3 年以下有期徒刑、拘役、管制或者剥夺政治权利；情节严重的，处 3 年以上 10 年以下有期徒刑。"据此认定梁某构成冒充军人招摇撞骗罪，对其判处 5 年有期徒刑。根据该案，下列哪一说法是正确的？（　　）

A. 杨法官引用的《刑法》条款所规定的内容属于任意性规则

B. 杨法官在该案件中适用的法律推理属于归纳推理

C. 本案虽然案情清晰简单，但杨法官在审理过程中仍然需要进行法律解释

D. 本案案情清晰简单，不涉及价值冲突，因此不需要运用价值平衡的方法

46. 我国《宪法》第 10 条第 3 款规定，国家为了公共利益的需要，可以依照法律规定对土地实行征收或者征用并给予补偿。如果国家"连"进行

合法征收都要给予补偿，那么，在国家权力违法侵害财产时"更加"要给予赔偿了。这里运用了何种推理方法？（ ）

A. 演绎推理   B. 设证推理

C. 反向推理   D. 当然推理

47. 法律人在证成法律决定的过程中，运用几个不同的法律解释方法，最终得出了相同的解释结果。这属于哪种法律解释方法的适用模式？（ ）

A. 单一适用模式   B. 累积适用模式

C. 冲突适用模式   D. 综合适用模式

48. 李某深夜12点强行闯入周某（女性）的住宅，并对其实施性侵害。后案发。我国《刑法》第236条第1款规定了强奸罪（以暴力、胁迫或者其他手段强奸妇女的，处3年以上10年以下有期徒刑），但没有具体规定入户强奸。法官杨某在判决过程中发现，德国、法国以及我国台湾地区的相关立法和判例对入户强奸均加重一格量刑，遂对此加以借鉴和引用，进而认为：应将"入户强奸"行为理解为《刑法》第236条第3款第6项规定的"致使被害人重伤、死亡或者造成其他严重后果的"中的"其他严重后果"的情形之一，对于入户强奸行为处10年以上有期徒刑、无期徒刑或者死刑。据此，判处李某10年有期徒刑。对此，下列说法正确的是：（ ）

A. 杨某在本案的判决过程中进行了法律证成

B. 杨某在本案中进行的是类比推理

C. 杨某在本案的判决过程中很明显进行了比较解释

D. 杨某的解释属于我国正式法律解释体制中的司法解释

49. 《最高人民法院关于审理编造、故意传播虚假恐怖信息刑事案件适用法律若干问题的解释》第6条规定："本解释所称的'虚假恐怖信息'，是指以发生爆炸威胁、生化威胁、放射威胁、劫持航空器威胁、重大灾情、重大疫情等严重威胁公共安全的事件为内容，可能引起社会恐慌或者公共安全危机的不真实信息。"对此，下列说法正确的有：（ ）

A. 该解释属于非规范性法文件

B. 该条款属于规范性条文

C. 该条款规定明确具体，属于法律规则

D. 该解释属于法的非正式渊源

E. 该解释是学理解释，但不是任意解释

F. 该解释和法律具有同等效力

G. 在司法实践中，该解释所采用的解释方法一般可以优先适用

H. 该解释与最高人民检察院所作解释存在原则性分歧的，以最高人民检察院的解释为准

I. 该条款本身明确具体，不再需要解释

J. 该解释对有关主体具有普遍效力

K. 该解释属于最高人民法院的裁判文书

L. 该条款属于技术规范

50. 关于法律漏洞及其填补，下列说法正确的有：（　　　）

A.《行政处罚法》在行政处罚的决定程序中，对立案程序、听证会的召集和主持等未作规定，而是交由司法解释或者行政处罚法的实施细则予以规定。这属于明知漏洞

B. 对于某个事项，究竟是出现了"全部漏洞"还是"部分漏洞"，需要从法律体系出发作出整体性判断

C.《民法典》未对"同性婚姻"作出丝毫规定。这属于全部漏洞

D.《保险法》第 94 条规定："保险公司，除本法另有规定外，适用《中华人民共和国公司法》的规定。"这属于明知漏洞

51. 根据《立法法》的规定，下列说法正确的有：（　　　）

A. 地方政府规章仅应限于城乡建设与管理、生态文明建设保护、历史文化保护、基层治理等方面的事项

B. 地方性法规、自治条例和单行条例公布后，及时在本级人大常委会公报和中国人大网、本地方人大网站以及在本行政区域范围内发行的报纸上刊载

C. 全国人大常委会工作机构根据实际需要设立基层立法联系点，深入听取基层群众和有关方面对法律草案和立法工作的意见

D. 列入常委会会议议程的法律案，遇有紧急情形的，也可以经 1 次常委会会议审议即交付表决

专题 6 法与社会

52. 关于法与社会的相互关系，下列表述不能成立的有：（   ）

   A. 任何时代，法只要以社会为基础，就可以脱离立法、法学和司法判决而独立发展

   B. 法的性质与功能决定于社会，法与社会互相依赖、互为前提和基础

   C. 法与经济关系密切，离开了法律，经济就无从产生，也无以存在

   D. 科学技术是第一生产力，科技的发展进步直接改变了法律的内容；法律的发展和变化也能够直接影响和改变科技的发展

专题 7 法的演进

53. 法作为社会关系的调整与符号系统，其自身的现代化，一定意义上就成为社会全面现代化的条件和标志。关于法的现代化，下列说法正确的有：（   ）

   A. 法的现代化意味着法与道德的相互分离

   B. 在传统社会，法与道德开始分离，法具有了部分的自主性，它的合法性来自于法自身

   C. 在现代社会，法成为完全实证化的法律，道德成为理性道德

   D. 在法与道德相互分离的情境下，法的合法性越来越依赖于确立和证成它们的形式程序

   E. 法的现代化意味着法具有了可理解性、精确性、一致性、普遍性、公开性，一般来说是成文的，以及具有溯及既往的效力

54. 关于法的继承和法的移植，下列说法正确的有：（   ）

   A. 《法国民法典》借鉴古罗马法中的若干制度，属于法的移植

   B. 法的移植不反映时间关系，仅体现空间关系

   C. 法律全球化也属于法的移植的一种类型

   D. 法的移植的范围包括了国际条约和国际惯例

答案及解析

21. [答案] ACD

[解析] 安提戈涅的主张属于非实证主义，克瑞翁的主张属于实证主义。A
项错误，当选。

实证主义法学认为，法与道德分离，二者之间不存在概念上的必然
联系，因此应严格区分"法律实际上是什么"和"法律应当是什么"，
进而突出强调前者。B 项正确，不当选。

从马克思主义角度看，世界上不存在神，当然也不存在神制定的法
律。C 项错误，当选。

安提戈涅只是认为克瑞翁不符合道德的命令不是法，而不是认为其
所有的命令均不是法。D 项错误，当选。

22. [答案] C

[解析] 中国特色社会主义法治理论要求我们反对法律中心主义和法律万
能论的错误，实现依法治国和以德治国相结合。但是，在近现代，明确
法与道德的界限，"法是最低限度的道德"成为通说，不可能要求二者
之间达到浑然一体、彼此不分的状态。A 项错误。

分析主义法学派以权威性制定为法的首要定义要素，社会法学派或
法律现实主义以社会实效为法的首要定义要素，二者均属于实证主义法
学派，主张的是恶法亦法。B 项错误。

从历史角度看，法经历了在社会调控中从次要地位上升到首要地位
的发展过程。一般来说，古代法学家更多地强调道德在社会调控中的首
要或主要地位，对法的强调也更多地体现在其惩治功能上，而对借助法
明确权利义务以实现对社会生活的全面调整则往往心存疑虑，甚至希望
通过推行"德治"来去除刑罚，如中国历史上的"德主刑辅"。而到了
近现代，法学家们一般都倾向于强调法律调整的突出作用，法治国成为
普遍的政治主张。C 项正确。

马克思主义认为，法与道德都是历史的产物，具有历史性，但是二
者在生成方式上具有重大差别：法是人为形成的，具有建构性；而道德

是自然演进生成的，具有非建构性。D项错误。

📝 **设题陷阱及常见错误分析**

请考生务必把法学派的名称及其立场、观点准确地对应起来。

23. [答案] ABC

[解析] 法具有三个层面的本质：正式性（国家性、国家意志性）、阶级性（阶级意志性）和物质制约性。法与国家权力关系密切，法律直接形成于国家权力，是国家意志的体现，具有国家强制性。但是尽管如此，法的实现主要依靠社会成员的自觉遵守，而非单纯依靠暴力。A项当选。

尽管法体现的实际上是统治阶级的意志，但在表面上，法形成于国家，其所体现的意志具有一定的公共性和中立性。统治阶级总是把自己的共同意志和根本利益通过法律加以确认，遵守法律自然也就是对本阶级最大利益的维护。BC两项当选。

作为最广大人民共同意志的体现的法，只有在社会主义社会才能成为现实。质言之，不是所有的法都体现人民的意志。D项不当选。

📝 **设题陷阱及常见错误分析**

（1）根据马克思主义关于法的本质的理论，一国的法本质上并非社会共同体意志的体现，而是国家意志、阶级意志和社会物质条件的体现，最终的决定因素是社会物质生活条件；

（2）一国的法只是在整体上是统治阶级意志的体现，并非所有法都具有阶级性，也并非所有法都只体现统治阶级的意志；

（3）在一定情况下，法的内容规定可能不仅反映统治阶级的意志，而且同时也反映被统治阶级以及统治阶级的同盟阶级的某些要求和愿望；

（4）法所反映的统治阶级的意志，是统治阶级的整体意志和共同意志，而不是其内部各派别、各成员意志的简单相加。

24. [答案] BC

[解析] 法是可诉的规范体系，具有可诉性。这一点主要体现在法律具有被任何人在法律规定的机构通过纠纷解决程序（诉讼或仲裁）加以运用

以维护自身权利的可能性。BC 两项当选。

A 项属于立法活动，D 项属于法的强制性的体现。AD 两项不当选。

📝 设题陷阱及常见错误分析

法的可诉性只是一种理论上的可能性，并非必然，其要受到诉讼法的限制。

25. 答案 B

解析 法是调整人的行为的社会规范。所谓社会规范，其规定的是人与人之间相处的准则，不同于技术规范（调整人与自然的关系）和自然法则（自然现象之间的联系）。题干中的条款既然属于《民用航空法》，当然属于社会规范的范畴，而不可能是技术规范。A 项前半句错误。规范性法文件大都以条文为基本构成单位，法律条文分为规范性条文和非规范性条文。其中，规范性条文是直接表述法律规范（法律规则和法律原则）的条文；非规范性条文不直接规定法律规范，而规定某些法律技术内容，如术语界定、公布机关和时间、生效日期等。题干中的条款分明属于术语界定，属于非规范性条文。B 项正确。既然是非规范性条文，自然不表述法律规则和法律原则。A 项后半句也明显错误。

题干中的条款对于"执行军事、海关、警察飞行任务的航空器"作了合理的差别对待，不属于歧视。C 项错误。

普遍性是指在国家权力所及的范围内，普遍有效。《民用航空法》作为规范性法文件，自然具有普遍法效力。D 项错误。

📝 设题陷阱及常见错误分析

规范性法文件，是指针对不特定多数人的、具有普遍约束力、可反复适用的法文件。非规范性法文件，是指针对特定主体的、不具有普遍约束力的判决书、裁定书、逮捕证、许可证、合同等文件，它们是适用法律的结果而不是法律本身，不可以反复适用。

26. 答案 C

解析 本题的难点主要在于判断在题干所述情况中，法究竟对谁发生了作用。如果仅是对行为人本人发生了影响，那就是指引作用；如果是针对他人的行为评判其合法违法，那就是评价作用；如果存在法的实施，并对行为人本人、不特定的旁观人等均产生了影响，那就是教育作用；如果对当事人之间相互预测对方的行为产生作用，那就是预测作用；如果是以处罚、处分或制裁的方式作用于违法行为人，那就是强制作用。本题的问题是：法院依法认定刘某的行为构成犯罪体现了法的什么作用？根据题干可知，法院以《刑法》的相关条款作为标准，对刘某的行为进行了评价，属于评价作用。因此，C项当选，其他项不当选。

✎ 设题陷阱及常见错误分析

考生应形成对于法的五种规范作用的准确理解，把握其规范的内涵，不能直接塑造其意义。

27. [答 案] ACD

[解 析] 题干中马克思的名言，其核心的意涵在于指出：立法者在立法的过程中，并不能随意地根据主观好恶创造法律，而是要受到客观社会条件（包括经济基础、其他社会规范、社会环境等）的制约。B项正确，不当选。

马克思的这句话并没有否认立法过程的创造性。立法，又被称为法的创制，是指立法者在特定社会条件的基础上制定、认可、修改、废止规范性法文件的活动。在这种从无到有、从不是到是、从有效到无效的过程中，立法者具有相当的主观能动性，很明显具有一定的创造性，而不是对客观社会现实的简单摹写或重复。AC两项错误，当选。

既然立法过程中存在一定的创造性的成分，那么法律在处理法律问题时自然会有一定的价值判断，而不是价值无涉的。D项错误，当选。

✎ 设题陷阱及常见错误分析

价值判断是法律人的基本思维方式之一。

28. [答 案] ABC

[解 析] 法律具有语言依赖性，只要有语言，就有一定的模糊性，就需要解释。A项错误，当选。

题干中的条款很明显涉及侵权人和被侵权人之间责任的分配问题，

意在解决双方之间的利益冲突。D 项正确，不当选。

在解决此种利益冲突的过程中，在被侵权人对损害的发生也存在过错的情况下，减轻侵权人的责任，这是公平的要求。可见，该条规定体现的是正义价值。B 项错误，当选。

该条规定虽然简单，但是内容具体明确，属于法律规则，而非法律原则。C 项错误，当选。

📝 设题陷阱及常见错误分析

只要存在多个主体，一般情况下都会涉及利益冲突。

29. [答案] BC

[解析] 任何法律规则均由假定条件、行为模式和法律后果三个部分构成，三者在逻辑上缺一不可，但在具体条文中都可以省略。A 项错误。

法律规则往往通过规范语句的形式表达。而根据所运用的道义助动词的不同，规范语句又可以分为命令句和允许句。前者使用的是"必须""应该""禁止"等，后者使用的是"可以"这类道义助动词。除此之外，法律规则还可能用陈述句或陈述语气来表达。当表达一个法律规则时，该陈述句能够通过增加道义助动词的方式被改写为一个规范语句。BC 两项正确。

规范性法文件大都以条文为基本构成单位。法律条文分为规范性条文和非规范性条文两种。规范性条文是直接表述法律规范（法律规则和法律原则）的条文；非规范性条文不直接规定法律规范，而规定某些法律技术内容，如术语界定、公布机关和时间、生效日期等。可见，并非所有法律条文都表述法律规范。D 项明显错误。

📝 设题陷阱及常见错误分析

（1）法律规则与法律条文并非一一对应，有时一个完整的法律规则由数个法律条文来表述，有时一个法律条文表述多个法律规则。

（2）一般而言，具体法条并不包括完整的法律规则三要素。例如，我国《刑法》第 102 条第 1 款规定："勾结外国，危害中华人民共和国的主权、领土完整和安全的，处无期徒刑或者 10 年以上有期徒刑。"该条文所包含的法律规则逻辑结构要素是行为模式和法律后果。

30. (1) [答案] ABCD

[解析] 法律原则是为法律规则提供某种基础或本源的综合性的、指导性的价值准则或规范，有公理性原则和政策性原则之分。法律规则是采取一定的结构形式具体规定权利、义务及相应后果的行为规范。本题中，系争条款乃是国家计划生育基本国策的法律表达，是国家在计划生育方面宏观性、一般性、总体性的法律规定，其没有具体规定权利和义务，属于法律原则，而非法律规则。因此，也就谈不上法律规则的类型，自然也不会涉及义务性规则、确定性规则、强行性规则、第一性规则等问题。因此，ABCD四项均错误，当选。

✎ 设题陷阱及常见错误分析

只要有政策，必定是原则。

(2) [答案] BD

[解析] 该条规定的是计划生育基本国策，属于政策性原则，其适用自然可以弥补法律规则的漏洞。A项正确，不当选。

法律规则是以全有或全无的方式适用的，在冲突的情况下，两条法律规则难以共存。但法律原则是以衡量的方式应用于个案的，司法者需要根据法律原则的分量以及个案的情景来判断法律原则作用的范围，可见，相互冲突的法律原则可以共存（同时有效）。B项错误，当选。

法律规则明确具体，着眼于主体行为及各种条件（情况）的共性。法律原则的着眼点不仅限于主体行为及条件的共性，而且关注它们的个别性。C项正确，不当选。

由于法律原则的内涵高度抽象、外延宽泛，因此，其直接作为裁判案件的标准发挥作用时，就会赋予法官较大的自由裁量权，从而不能完全保证法律的确定性和可预测性。为此，需要为法律原则的适用设定严格的条件：穷尽法律规则，才能适用法律原则；为了个案正义；存在更强的理由。可见，法律规则的适用优先于法律原则。D项错误，当选。

✎ 设题陷阱及常见错误分析

法律规则有助于削弱或防止法律适用上的"自由裁量"。

31. [答案] BCD

[解析] 题干中的条款很明显会对公安机关、残疾人的行为产生引导功能，能够指引他们安排好自己的行为。A 项正确，不当选。

该规定在治安管理处罚问题上给予残疾人优待，不仅不违背平等原则，反而正是为了实现实质平等。D 项错误，当选。

平等、公正、公平等属于正义价值的范畴，而非自由价值。C 项错误，当选。

在此过程中，很明显体现了立法者的价值判断和价值倾向。但是，该条内容具体明确，不属于原则，而是典型的确定性规则。B 项错误，当选。

📝 设题陷阱及常见错误分析

体现政府某种宏观政策的条文，必定属于法律原则。

32. [答案] D

[解析] 该条文规定了国家的医疗卫生政策，属于法律原则，不可能是非规范性条文。AB 项错误。

法律规则以全有或全无的方式适用于个案当中，优先于法律原则得以适用。但是题干中的条款规定的是法律原则，抽象、灵活、宽泛，以衡量的方式适用于个案，法官在适用时有较大的自由裁量权。C 项错误，D 项正确。

33. [答案] DF

[解析] 该办法属于地方政府规章，其生效不需要报经批准，也无权变通上位法。AB 两项错误。其应由自治州的州长签署命令予以公布。C 项错误。

该办法和国务院各部门的规章发生冲突时，由国务院裁决。E 项错误。

全国人大常委会不审查规章。国务院可以自行改变或撤销该办法。G 项错误。

34. [答案] AD

[解析]《立法法》第 11 条规定了法律保留，即一般只能制定法律的情况，包括：①国家主权的事项；②各级人民代表大会、人民政府、监察委员会、人民法院和人民检察院的产生、组织和职权；③民族区域自治制度、特别行政区制度、基层群众自治制度；④犯罪和刑罚；⑤对公民政治权利的剥夺、限制人身自由的强制措施和处罚；⑥税种的设立、税率的确定和税收征收管理等税收基本制度；⑦对非国有财产的征收、征用；⑧民事基本制度；⑨基本经济制度以及财政、海关、金融和外贸的基本制度；⑩诉讼制度和仲裁基本制度；⑪必须由全国人民代表大会及其常务委员会制定法律的其他事项。B 项中的教科文卫体制度不属于法律保留范围，不当选。就 C 项而言，对非国有财产的征收、征用属于只能制定法律的事项，而对国有财产的征收、征用则不属于法律保留范围，不当选。综上，AD 两项当选。

✎ 设题陷阱及常见错误分析

（1）基层群众自治制度包括居民委员会制度和村民委员会制度，均属于法律保留范围；

（2）司法制度包括诉讼和仲裁制度，均属于法律保留范围。

35. [答案] CD

[解析]《劳动法》是 1994 年 7 月 5 日由第八届全国人民代表大会常务委员会第八次会议通过的，因此属于非基本法律。A 项正确，不当选。

《妇女权益保障法》属于保障妇女权益的一般法，而《劳动法》中对于劳动关系中妇女权益的保障条款属于特别法，因此，在劳动争议解决中，应优先适用《劳动法》的相关规定。B 项正确，不当选。

就 C 项而言，首先，题干中并不存在要求结合个案加以考虑的情况；其次，也没有出现要求综合考虑成本和收益的表述，因此没有体现个案中的比例原则。C 项错误，当选。

该条规定强调的内容是男女平等，追求的是法的正义价值。而法的最高价值是自由。D 项错误，当选。

36. 答案 A

解析 法律部门，也称部门法，是指根据一定标准和原则所划定的调整同一类社会关系的法律规范的总称。法律部门离不开成文的规范性法文件，但是单一的规范性法文件不能包括一个完整的法律部门。同时，大多数规范性法文件并非各自包含一个法律部门的规范，可能还包含属于其他法律部门的规范。A项正确。

行政法规和行政规章是按照制定主体进行的划分，行政法部门是按照调整的社会关系和调整方法进行的划分，二者不能混同。事实上，我们所熟知的属于行政法部门的规范性法文件基本上都是法律，如《行政处罚法》《行政复议法》等。B项错误。

法律体系，也称部门法体系，是指一国的全部现行法律规范，按照一定的标准和原则，划分为不同的法律部门而形成的内部和谐一致、有机联系的整体，反映了法的统一性和系统性。任何一个国家，都有自己的法律体系。C项错误。

法律体系是由一国国内法构成的体系，不包括完整意义上的国际法，即国际公法。D项明显错误。

✎ 设题陷阱及常见错误分析

（1）由于社会关系复杂交错、彼此联系，因此法律部门之间往往很难截然分开。事实上，有的社会关系需要由几个法律部门来调整。

（2）划分法律部门的标准主要是法律所调整的不同社会关系，即调整对象；其次是法律调整方法。

37. 答案 ABCD

解析 属人主义、属地主义、保护主义和混合主义的立场区分是法的对人效力的问题，不是空间效力的问题。A项错误，当选。

在法的时间效力问题上，所谓的"默示失效"，是指在适用法律中，出现新法与旧法冲突时，适用新法而使旧法事实上被废止。可见，采用的是新法优于旧法原则，而不是特别法优于一般法。B项错误，当选。

法律的时间效力指法律的生效、失效和溯及力的问题。C项错误，当选。

法治强调法律不溯及既往，禁止事后法，以保证法的可预测性。D项错误，当选。

✏️ 设题陷阱及常见错误分析

（1）保护主义保护的是本国国家利益和本国公民的利益，不是外国人的利益；

（2）在法的空间效力问题上，空间效力的大小主要取决于制定主体，而不是制定的内容。

38. [答案] C

[解析] 法律关系，是指在法律规范调整社会关系的过程中所形成的人们之间的权利义务关系。可见，法律关系是根据法律规范建立的一种社会关系，具有合法性。法律关系不同于法律规范调整或保护的社会关系本身。A项中，王某与李某之间的伤害关系，乃是一种事实性的社会关系，不属于法律关系。A项错误。

法律关系是体现意志性的特种关系，主要体现国家意志，有时也体现特定法律主体的意志。B项中，赵某与刘某通过登记缔结婚姻关系，表面上看主要体现婚姻双方的意志，但实际上此种婚姻关系能够成立，关键还在于其符合法律的要求，即体现了国家意志的要求。B项错误。

保护性法律关系是相对于调整性法律关系而言的，是指因违法行为而产生的旨在恢复被破坏的权利和秩序的法律关系，执行法的保护职能，所实现的是法律规范（规则）的保护规则（否定性法律后果）的内容，是法的实现的非正常形式。C项中存在申某闯红灯的违法行为，据此，交警陈某代表行政机关予以罚款，可见双方建立的法律关系属于保护性法律关系。C项正确。

法律事实，是指法律规范所规定的、能够引起法律关系产生、变更和消灭的客观情况或现象，包括法律事件和法律行为。其中，法律事件是法律规范规定的，不以当事人的意志为转移而引起法律关系产生、变更和消灭的客观事实，又可以分为社会事件（如革命、战争等）和自然事件（如生老病死、自然灾害等）。法律行为是指在人的意志支配下的身体活动。D项中，导致婚姻关系解除的并非韩某的杀人行为，而是于某的死亡事件，所以属于自然事件。D项错误。

📝 **设题陷阱及常见错误分析**

（1）法律关系一定具有合法性；

（2）法律关系一定主要体现国家意志；

（3）务必清晰区分法律行为与法律事件。

39. [答 案]D

[解 析]调整性法律关系是指基于合法行为而产生的法律关系，执行法的调整职能，实现的是法律规范（规则）的行为规则（指示）的内容，不需要适用法律制裁。保护性法律关系是指基于违法行为而产生的旨在恢复被破坏的权利和秩序的法律关系，执行法的保护职能，实现的是法律规范（规则）的保护规则（否定性法律后果）的内容，是法的实现的非正常形式。题目中，张某向王某借用项链是合法行为，王某拥有该项链的所有权也是合法的，因此，由此形成的法律关系均属于调整性法律关系。A项正确，不当选；D项错误，当选。

纵向（隶属）法律关系中，法律主体地位不平等，存在权力服从关系，权利义务具有强制性，不得随意转让和放弃。而横向（平权）法律关系是平等主体之间的法律关系，权利义务具有一定程度的任意性。题目中，张某和王某很明显属于平等主体，其借用行为形成的法律关系属于横向法律关系。B项正确，不当选。孙某和公安机关、法院之间存在权力服从关系，属于纵向法律关系。C项正确，不当选。

📝 **设题陷阱及常见错误分析**

一切相关的法律关系均有主次之分。例如，在调整性和保护性法律关系中，调整性法律关系是第一性法律关系（主法律关系），保护性法律关系是第二性法律关系（从法律关系）；在实体和程序法律关系中，实体法律关系是第一性法律关系（主法律关系），程序法律关系是第二性法律关系（从法律关系）；等等。

40. [答 案]C

[解 析]党员违反党纪承担的不是法律责任而是党的纪律责任。A项不当选。

法律责任，是指行为人由于违法行为、违约行为或者由于法律规定而应承受的某种不利的法律后果。引起法律责任的原因有三种：违法行为、违约行为或者基于法律的规定。但最终依据是法律，而不是道德或其它社会规范。换言之，只要法律有规定，即便主观上没有过错，也可能承担法律责任。C项当选。此处的法律并不仅仅指狭义的法律，即全国人大及其常委会制定的规范性法文件，其范围更为广泛。B项不当选。

设定法律责任的目的在于保障法律上权利、义务、权力得以生效，法律制裁仅仅是实现法律责任的手段之一。D项不当选。

41. [答案] BDE

[解析] 有权向全国人大提法律案的是10个主体：全国人大主席团、全国人大常委会、国务院、中央军事委员会、国家监察委员会、最高人民法院、最高人民检察院、全国人大各专门委员会、1个代表团或者30名以上的代表联名。有权向全国人大常委会提出法律案的是8个主体：全国人大常委会委员长会议、国务院、中央军事委员会、国家监察委员会、最高人民法院、最高人民检察院、全国人大各专门委员会、常委会组成人员10人以上联名。可见，全国人大常委会委员长会议或者常委会组成人员10人以上联名，可以向全国人大常委会（而不是全国人大）提出法律案；30名以上的全国人大代表联名可以向全国人大（而不是其常委会）提出法律案。AC项错误，B项正确。

全国人大对于法律案的审议工作由主席团主持，具体审议形式包括：各代表团审议、专门委员会审议、各代表团团长会议审议、宪法和法律委员会统一审议。但由于全国人大人数众多，因此不采用全体会议的方式对法律案进行审议。全国人大常委会对于法律案的审议工作由委员长会议主持，具体审议形式包括：分组会议审议、联组会议审议、全体会议审议、专门委员会审议、宪法和法律委员会统一审议。D项正确。

全国人大会议表决法律案时，代表可以表示赞成，可以表示反对，也可以表示弃权。E项正确。

✏️ 设题陷阱及常见错误分析

全国人大主席团是全国人大审议法律案的主持人，委员长会议是全国人大常委会审议法律案的主持人，主持人都有提案权。

42. [答案] ABCD

[解析] 常委会组成人员 10 人以上联名的确有权向全国人大常委会提出法律案，但只能提出属于全国人大常委会职权范围内的议案，而不能就国计民生的任何问题提案。A 项错误，当选。

向常委会提出的议案，在交付表决前，提案人要求撤回的，应当说明理由，经委员长会议同意，并向常委会报告，对该法律案的审议即行终止。可见，没有审议决定的环节。B 项错误，当选。

所谓的"三读程序"，是指列入常委会会议议程的法律案，一般应当经过 3 次常委会全体会议审议后再交付表决。C 项错误，当选。

列入常委会会议议程的法律案，应当在常委会会议后将法律草案及其起草、修改的说明等向社会公布，征求意见，但是经委员长会议决定不公布的除外。可见，列入常委会会议议程的法律案，公布是原则，不公布是例外。只有不公布时才需要经委员长会议决定。D 项错误，当选。

✎ 设题陷阱及常见错误分析

（1）法律案由法律委员会统一审议。各专门委员会之间对草案的重要问题意见不一致的，应报告委员长会议。

（2）不论是全国人大通过的法律，还是全国人大常委会通过的法律，均由国家主席签署主席令予以公布。

43. [答案] BE

[解析] 法律人适用法律最直接的目标是获得一个合理的法律决定。在法治社会，所谓合理的法律决定，就是具有可预测性（形式法治的要求）和正当性（实质法治的要求）的法律决定。A 项正确，不当选。

就整体来说，法的适用过程在形式上是逻辑三段论推理过程，即大前提、小前提和结论。但具体而言，则是首先查明和确认案件事实，作为小前提；其次选择和确定与案件事实相符合的法律规范，作为大前提；最后以整个法律体系的目的为标准，从两个前提中推导出法律决定。B 项错误，当选。

外部证成保证的是推理前提的合理性；内部证成是从前提符合推理规则地推出结论，保证的是推理规则和结论的可靠性。C 项正确，不当选。

法律具有语言依赖性，而语言一定具有模糊性，所以需要解释；只要有解释，就涉及价值判断。在法律推理的过程中，存在着大量的解释活动和价值判断。D 项正确，不当选。

法的发现，其实是"法律决定（判断）的发现"，就是一个法律人获得法律决定或者法律判断的事实过程。E 项错误，当选。

✍ **设题陷阱及常见错误分析**

法律语言具有开放性，这并不影响其确定性。

44. [答案] ACD

[解析] 法律推理，是指法律人在从一定的前提推导出法律决定的过程中所必须遵循的推论规则。只要有前提，有结论，就自然进行了法律推理。A 项错误，当选。

类比推理，是指根据两个或两类事物在某些属性上是相似的，从而推导出它们在另一个或另一些属性上也是相似的；或者由其在一些属性上不同，推出其在另一些属性上也不同。而从所有能够解释事实的假设中优先选择一个假设的推论，称为"设证推理"。D 项中，王警官先看到了事实，然后从中推导出杀人凶手。这是典型的设证推理。D 项错误，当选。

按照法律规则内容的确定性程度不同，法律规则可划分为确定性规则、委任性规则和准用性规则。如果内容明确肯定，无须再援引或参照其他规则来确定，则属于确定性规则；如果内容不明确，需要由相应国家机关通过相应的途径或程序加以确定，则属于委任性规则；如果内容不明确，需要援引或参照其他相关规范性法文件或条文加以确定，则属于准用性规则。BC 两项中的条款自身内容均不明确，B 项规定由国务院和中央军委另行制定，属于委任性规则；C 项规定参照《公司法》的规定确定，属于准用性规则。B 项正确，不当选；C 项错误，当选。

✍ **设题陷阱及常见错误分析**

遇到逆推，就选设证推理。

45. [答案] C

[解析] 任意性规则的规定乃是在一定范围内允许人们自行选择或协商确

定为与不为、为的方式以及法律关系中的权利义务内容的法律规则。题干中的条款很明显不允许人们自行选择或自由协商改变规则的内容，所以属于强行性规则而非任意性规则。A项错误。

有法律规范作为大前提，有案件事实作为小前提，据此作出判决，这是典型的演绎推理。B项错误。

不论案情如何清晰简单、法律规定如何明确具体，法律解释都是必要的。C项正确。

本案中，很明显存在着梁某的人身自由、行为自由和我国军事秩序、徐××的财产权之间的冲突，需要运用价值平衡的方法加以处理。D项错误。

📝 设题陷阱及常见错误分析

有法律规范作为大前提，案件事实作为小前提，据此作出判决，就是演绎推理。

46. [答案]D

[解析]当然推理，是指由某个更广泛的法律规范的效力推导出某个不那么广泛的法律规范的效力。换言之，它指的是"如果较强的规范有效，那么较弱的规范就必然更加有效"。当然推理包括两种形式：①举轻以明重。例如，盗窃一只羊都构成犯罪，那么盗窃一匹价值更大的马构成犯罪也就理所当然了。②举重以明轻。例如，假如故意协助他人自杀不受刑事处罚，那么就可以推导出，出于过失促使他人自杀同样不受刑事处罚。因此，D项当选。

47. [答案]B

[解析]法律解释方法的适用模式包括三种：

单一适用模式，是指法律人将一个主要的法律解释方法作为证成法律解释结果的唯一或首要的理由，却忽略或轻视了其他的法律解释方法。

累积适用模式，是指法律人在证成法律决定的过程中，运用几个不同的法律解释方法，最终得出了相同的解释结果。B项当选。

冲突适用模式，是指法律人针对特定案件事实，按照不同的法律解释方法对法律文本进行解释，进而得出了相互对立冲突的解释结果；故而，法律人必须解决冲突，证成哪一个解释方法具有优先性。

48. [答案] AC

[解析] 法律适用的过程，无论是寻找大前提还是确定小前提，都是用来向法律决定提供支持程度不同的理由，所以，它也就是一个法律证成的过程。所谓"证成"，便是给一个决定提供充足理由的活动或过程。因此，只要有法律适用（裁判活动），就有法律证成。A项正确。

杨某以《刑法》第236条第3款第6项作为大前提，系争案件事实作为小前提，对李某判处10年有期徒刑，这是典型的演绎推理。B项错误。

杨某在解释《刑法》第236条第3款第6项时，参考了德国、法国和我国台湾地区的立法和判例，明显进行了比较解释。C项正确。

在我国，司法解释的主体只有最高法和最高检。D项明显错误。

[✎ 设题陷阱及常见错误分析]

在我国，行政执法人员或者处理具体案件的法官、检察官在日常执法、司法过程中所作的解释属于非正式解释。

49. [答案] GJ

[解析]《最高人民法院关于审理编造、故意传播虚假恐怖信息刑事案件适用法律若干问题的解释》是司法解释，针对不特定主体，可以反复适用，属于规范性法文件，具有普遍效力；其区别于最高法的裁判文书，后者针对特定主体，具有个案效力。AK两项错误，J项正确。

题干中的条款是对"虚假恐怖信息"的术语界定，因此属于非规范性条文，既不表达法律规则，也不表达法律原则；术语界定自然属于文义解释，在各种解释方法中可以优先适用。BC两项错误，G项正确。

司法解释具有明定的法律效力，属于正式的法律渊源，也是正式解释（法定解释、有权解释）。DE两项错误。

全国人大常委会的立法解释和法律具有同等效力，司法解释的效力低于法律。F项错误。

最高法和最高检地位相同，二者的司法解释发生冲突的，由全国人大常委会解释或决定。H项错误。

任何法律条文均需要解释。I 项错误。

技术规范调整的是人与自然之间的关系，法律规范属于社会规范，调整的是人与人之间的关系。L 项错误。

50. [答 案] AB

[解 析] C 项中，《民法典》之所以没有规定同性婚姻，乃是由于在其立法计划中，婚姻只有异性婚姻，不包括同性婚姻。所以，立法者认为该制度不存在漏洞。C 项错误。

D 项就法律体系整体而言，没有漏洞存在，因此错误。

51. [答 案] BCD

[解 析] 根据《立法法》第 81 条的规定，设区的市、自治州的人民政府依法制定地方政府规章，限于城乡建设与管理、生态文明建设、历史文化保护、基层治理等方面的事项；已经制定的地方政府规章，涉及上述事项范围以外的，继续有效。可见，内容限于以上事项的，只是设区的市、自治州的人民政府，省级人民政府的规章不在此限。A 项错误。

根据《立法法》第 89 条第 1 款的规定，地方性法规、自治条例和单行条例公布后，其文本应当及时在本级人大常委会公报和中国人大网、本地方人大网站以及在本行政区域范围内发行的报纸上刊载。B 项正确。

根据《立法法》第 70、90 条的规定，全国人大常委会工作机构、省市两级人大常委会根据实际需要设立基层立法联系点，深入听取基层群众和有关方面对立法草案和立法工作的意见。C 项正确。

列入常委会会议议程的法律案，各方面的意见比较一致的，可以经 2 次常委会会议审议后交付表决；调整事项较为单一或者部分修改的法律案，各方面的意见比较一致，或者遇有紧急情形的，也可以经 1 次常委会会议审议即交付表决。D 项正确。

52. [答 案] ABCD

[解 析] A 项表述过于绝对，明显不能成立，当选。错在"任何时代"，比如英美法系的普通法就不能脱离司法判决而独立存在。

马克思曾经指出："社会不是以法律为基础，那是法学家的幻想。

相反，法律应该以社会为基础。"B项表述明显不能成立，法律不可能作为社会的前提和基础，当选。

法作为上层建筑的一部分，是由经济基础决定的。法的起源、本质、作用和发展变化，都要受到社会经济基础的制约。法在任何时候都不得不服从经济条件，并且从来不能向经济条件发号施令，它只是表明和记载经济关系的要求而已。C项弄反了二者的关系，不能成立，当选。

科技的发展进步的确能够影响法律，但并不能直接改变法律，能直接改变法律的是立法活动；法律的发展、变化也能够影响科技的发展，但只是通过为科技发展营造良好的法律环境，从而间接性地推动或抑制科技的发展，而不能直接改变。D项表述不能成立，当选。

✐ 设题陷阱及常见错误分析

法律受制于经济基础，但是，不能因此就认为法律不受其他因素的影响，或与其他社会现象无关。

53. [答案] ACD

[解析] 首先，法的现代化意味着法与道德的相互分离。在古代社会，法与道德混合在一起。在传统社会，法与道德开始分离，法具有了部分的自主性，但是，它的合法性来自于道德。到了现代社会，法与道德相互分离，法成为完全实证化的法律，道德成为理性道德。其次，法的现代化意味着法成为形式法。在法与道德相互分离的情境下，法的合法性越来越依赖于确立和证成它们的形式程序。也就是说，现代化的法的合法性来自于法自身。最后，法的现代化意味着法具有了可理解性、精确性、一致性、普遍性、公开性，一般来说是成文的，以及不具有溯及既往的效力，等等。可见，ACD三项正确。

54. [答案] CD

[解析] 法的继承是不同历史类型的法律制度之间的延续和继受，一般表现为旧法对新法的影响和新法对旧法的承接和继受。《法国民法典》借鉴奴隶国家的法，属于法的继承。A项错误。

法的移植，是指在鉴别、认同、调适、整合的基础上，引进、吸收、采纳、摄取、同化外国法，使之成为本国法律体系的有机组成部分，为本国所用。法的移植的范围除了外国法律外，还包括国际法律和惯例。D 项正确。

法的移植反映时间的先后关系（要求同时代），也涉及空间问题（要求外国法）。B 项错误。

法的移植的类型包括：①同等发展水平相互学习；②落后学先进；③区域性法律统一运动；④世界性法律统一运动或法律全球化。C 项正确。

📝 **设题陷阱及常见错误分析**

（1）法的阶级性并不排斥法的继承性，社会主义法可以而且必然要借鉴资本主义法和其他类型的法；

（2）法的继承体现时间上的先后关系，法的移植则反映一个国家对同时代其他国家法律制度的吸收和借鉴；

（3）法的移植要有适当的超前性。

第3编 中国法律史

专题 8 中国法律史

55. 关于西周时期的法律制度和法律思想，下列说法不正确的是：（   ）

    A. 在"以德配天，明德慎罚"思想中，"德"的要求主要包括三个基本方面：敬天、敬地、敬祖宗

    B. "五礼"中的"吉礼"是指冠婚之礼

    C. "礼"是对社会生活起着调整作用的习惯法，起源于原始社会祭祀鬼神时所举行的仪式

    D. 西周的"礼"还不具备法的性质

56. 关于契约法，下列说法正确的是：（   ）

    A. 西周时期，买卖奴隶、牛马所使用的较长的契券称为"傅别"

    B. 在宋代，一般买卖称为"活卖"，附条件的买卖称为"绝卖"

    C. 在宋代，地主和佃农签订的租佃土地契约中，必须明定纳租和纳税的条款，佃农同时要向官府缴纳田赋

    D. 在宋代，区分了借与贷，把不付息的使用借贷称为负债，把付息的消费借贷称为出举

57. 关于西周时期的婚姻制度，下列说法不正确的是：（   ）

    A. 西周时期实行一夫一妻制，在正妻之外另外娶妻则不合法，被称为"淫奔"

    B. 我国西周时期即将"同性不婚"确立为婚姻缔结的三大原则之一

C. 在婚姻成立的"六礼"程序中，"纳征"是指到祖庙中占卜以求得一个好的"征兆"

D. 不顺父母、无子、淫、妒、有恶疾、多言、窃盗构成了休妻的正当理由

58. 关于中国古代的继承制度，下列说法正确的是：（　　　）

A. 西周时期主张"以德配天，明德慎罚"，强调统治者的"德"性的后果之一便是在继承问题上主张"立嫡以贤不以长"

B. 西周时期的继承主要是财产的继承，此外还包括政治身份的继承

C. 宋代的继承制度比较灵活，沿袭了遗产兄弟均分制，还允许在室女享受部分财产继承权

D. 宋代的继承制度规定，在存在遗腹子的情况下，亲生子享有 3/4 的财产继承权，遗腹子享有 1/4 的财产继承权

59. 关于中国古代的司法机关和法律监督机关，下列说法不正确的是：（　　　）

A. 在西周时期，大司寇是最高裁判者，负责实施法律法令

B. 西周在基层地方设有士师、乡士、遂士等，负责处理具体司法事宜

C. 秦代中央司法机关的长官称为廷尉，有权审理全国案件；另设御史大夫和监察御史，负责对全国进行法律监督

D. 汉代在武帝以后一般均设立监督中央百官与京师辖地的司法官吏的刺史一职

60. 魏晋南北朝时期，法律发生了许多发展变化，对后世法律具有重要影响。下列表述中，正确揭示了这些发展变化的是：（　　　）

A.《北魏律》以《周礼》"八辟"为依据，正式规定了"八议"制度

B.《陈律》与《北齐律》中相继确立了"准五服以制罪"的制度

C.《北魏律》与《陈律》中正式出现了"官当"制度，允许官吏以官职爵位折抵各种犯罪

D.《北齐律》首次规定了"重罪十条"，置于律首，作为严厉打击的对象

61. 关于秦代的刑事罪名，下列说法不正确的是：（　　　）

A. 秦代法律所规定的罪名极为繁多，通过系统的分类，已经形成了较为科学的罪名体系

B. "偶语诗书"、"以古非今"、投寄匿名信、"非所宜言"被作为危害皇权的犯罪加以处罚

C. 罪应重而司法官吏故意轻判，罪应轻而司法官吏故意重判的，构成"纵囚"罪

D. 司法官吏丢失武器而不报告的，构成"失刑"罪

62. 根据唐律，下列说法正确的是：（   ）

A. 唐代已经区分了"谋杀"与"故杀"，前者指预谋杀人，后者指情急之下故意杀人

B. 出于过失杀人被称为"误杀"，在斗殴过程中出于激愤失手将人杀死被称为"过失杀"

C. 根据唐律，官吏虽然收受财物，但没有枉法裁判的，不构成犯罪

D. 官吏或常人非因职权之便非法收受财物的行为被称为"受所监临"

63. 关于两汉时期法律儒家化，下列说法不正确的是：（   ）

A. 上请制度是指通过请示皇帝给有罪贵族官僚某些优待的制度，在东汉时适用面越来越宽，遂成为官僚贵族的一项普遍特权，从笞刑到死刑都可以适用

B. 恤刑原则贯彻的是儒家矜老恤幼的思想，老人、幼童和妇女的所有犯罪行为，一律不再拘捕监禁

C. 《春秋》决狱制度强调审断时应重视行为人在案情中的主观动机，"论心定罪"，不看行为事实，在某种程度上为司法擅断提供了依据

D. 秋冬行刑制度根据的是"天人感应"理论，规定所有死刑犯均须在秋天霜降以后、冬至以前执行死刑

64. 关于中国古代法典的内容和结构，下列说法正确的是：（   ）

A. 《法经》中，关于定罪量刑中从轻从重法律原则的规定被称为《具法》，位于法典之首

B. 曹魏的《新律》将《法经》中的"具律"改为"刑名"置于篇首

C. 《北魏律》在刑名律之后增加了法例律，丰富了刑法总则的内容

D. 《晋律》进一步改革，将刑名和法例律合并为名例律一篇，充实了刑法总则

65. 关于明清时期的会审制度，下列说法正确的有：（　　　）

A. 明代的"大审"是由六部尚书及通政使司的通政使、都察院左都御使、大理寺卿九人参加的会审

B. 明代的朝审在每年霜降之后举行，由三法司会同公侯、伯爵，在吏部尚书（或户部尚书）主持下会审重案囚犯

C. 清代最重要的死刑复审制度是朝审，针对的是全国上报的绞、斩监候案件

D. 在清代，每年小满后10日至立秋前1日举行秋审，对发生在京师的笞杖刑案件进行重审

66. 关于清末司法体制的变化，下列表述正确的是：（　　　）

A. 在司法机关改革方面，清末将刑部改为法部，作为全国最高审判机关，实行审检合署；将大理寺改为大理院，掌管全国检察和司法行政事务

B. 实行四级三审制，实行公开、回避等审判制度，初步规定了法官及检察官考试任用制度

C. 在清末，享有领事裁判权国家的侨民与非享有领事裁判权国家的侨民之间的争讼，中国法院无权管辖

D. 在会审公廨中，凡中国人与外国人之间诉讼案，由本国领事裁判或陪审；如果是租界内纯属中国人之间的诉讼，则由中国法院管辖，外国领事官员不再干预

答案及解析

55. [答案] ABD

[解析] 作为君临天下的统治者应该"以德配天"，即能够使自己的德行符合上天的要求。"德"的要求主要包括三个基本方面：敬天、尊祖、保民，即要求统治者恭行天命，尊崇天帝与祖宗的教诲，爱护天下的百姓，做有德有道之君。A项错误，当选。

"明德慎罚"的具体要求可以归纳为"实施德教，用刑宽缓"。其中，"实施德教"是前提，是第一位的。其具体内容，逐渐归纳成内容

广博的"礼治"，即要求君臣上下父子兄弟都按既有的"礼"的秩序去生活，从而达到一种和谐安定的境界。"礼"是中国古代社会长期存在的、维护血缘宗法关系和宗法等级制度的一系列精神原则以及言行规范的总称，是对社会生活起着调整作用的习惯法，其起源于原始社会祭祀鬼神时所举行的仪式。C项正确，不当选。

西周时期的礼已具备法的性质。首先，其一般具有法的三个基本特性，即规范性、国家意志性和强制性；其次，其对社会生活各个方面都有着实际的调整作用。D项错误，当选。

"礼"在指向具体的礼仪形式时，有吉、凶、军、宾、嘉"五礼"之说。其中，吉礼是指祭祀之礼，凶礼是指丧葬之礼，军礼是指行军打仗之礼，宾礼是指迎宾待客之礼，嘉礼是指冠婚之礼。B项错误，当选。

📝 设题陷阱及常见错误分析

在"五礼"之中，吉礼和嘉礼最容易混淆。同时，礼已然具备了法的性质，这一点也经常被考查。

56. [答案] D

[解析] 西周时期，借贷契约称为"傅别"，买卖契约称为"质剂"。在买卖契约中，买卖奴隶、牛马所使用的较长的契券称为"质"，买卖兵器、珍异之物所使用的较短的契券称为"剂"。因此，A项错误。

在宋代，买卖契约分为三种：绝卖、活卖、赊卖。绝卖是一般买卖。活卖是附条件的买卖，主要是典卖契约，即通过让渡物的使用权收取部分利益而保留回赎权的一种交易方式；过期无力回赎的，方成绝卖。赊卖是采取类似商业信用或预付方式，而后收取出卖物的价金。因此，B项错误。

在宋代，地主和佃农签订的租佃土地契约中，必须明定纳租和纳税的条款，地主同时要向官府缴纳田赋。佃农过期不交地租的，地主可向官府投诉，由官府代索。可见，向官府缴纳田赋的是地主，而不是佃农。因此，C项错误。

在宋代，区分了借与贷，把不付息的使用借贷称为负债，把付息的消费借贷称为出举，并规定出举者不得超过规定实行高利贷盘剥，"（出举者）不得迴利为本"。因此，D项正确。

✎ 设题陷阱及常见错误分析

考生应当有能力精确识别"质剂""傅别""绝卖""活卖""赊卖"等古代契约术语各自的内涵和特征。另外也要注意,"(出举者)不得迴利为本"的规定,意在禁止过度的高利贷盘剥。

57. [答 案] ABC

[解 析] 西周时期,婚姻缔结的三大原则包括一夫一妻、同姓不婚、父母之命。所谓一夫一妻,是指男子可以有妾(媵嫁制度)有婢,但妻只能有一个,这是西周婚姻制度的基本要求。所谓同姓不婚,是指相同姓氏的男女之间一般不通婚,而不是相同性别的不准结婚。因此,B项错误,当选。此外,如果婚姻没有"父母之命,媒妁之言",则不合法,称为"淫奔"。因此,A项错误,当选。

"六礼"是婚姻成立的必要条件,分别包括纳采、问名、纳吉、纳征、请期、亲迎六道程序。其中,到祖庙占卜以求吉兆的是纳吉;纳征是指男方送聘礼至女方家中,又称纳币。因此,C项错误,当选。

就婚姻关系解除而言,则有七出、三不去的规定,D项所列各项便是七出的具体内容,是休妻的正当理由。因此,D项正确,不当选。

✎ 设题陷阱及常见错误分析

考生容易混淆"同性"和"同姓"二字的细微差别。此外,婚姻的"六礼"的各项之间的差别也相对难以识记,容易被考查。

58. [答 案] C

[解 析] 西周时期采行的是嫡长子继承制,即"立嫡以长不以贤,立子以贵不以长"。王位的继承人必须是正妻所生的长子,不论其贤愚。因此,A项错误。

就继承的内容而言,主要是政治身份的继承,土地、财产的继承是其次。因此,B项错误。

宋代的继承制度比较灵活,除沿袭以往遗产兄弟均分制外,还允许在室女享受部分财产继承权,同时承认遗腹子与亲生子享有同样的继承权。因此,C项正确,D项错误。

✎ 设题陷阱及常见错误分析

考生应准确理解嫡长子继承制的内涵，并正确识记宋代灵活的继承制度在在室女和遗腹子权益保护方面的进步规定。

59. [答案] AD

[解析] 在西周时期，周天子是最高裁判者；大司寇负责实施法律法令，辅佐周王行使司法权，另设小司寇辅佐大司寇审理具体案件；在基层地方，则设有士师、乡士、遂士等，负责处理地方上的具体司法事宜。因此，A项错误，当选；B项正确，不当选。

在秦代的司法制度中，皇帝掌握最高审判权；廷尉是中央司法机关的长官，审理全国案件；另设御史大夫和监察御史，对全国进行法律监督。因此，C项正确，不当选。

汉承秦制，其中央司法长官也称廷尉；另在各郡设立郡守，在各县设立县令，二者既是地方行政长官，也是地方司法长官，负责所辖区域内案件的审理；在基层设立乡里组织，负责本地治安与调解工作。除此之外，西汉设立御史大夫，负责法律监督；另外，在武帝之后，加设司隶校尉和刺史，前者监督中央百官与京师辖地的司法官吏，后者专司各地行政与法律监督之职。东汉时设立御史中丞，负责法律监督。因此，D项错误，刺史虽在武帝之后设立，但是却是专司除京师之外的地方司法与行政监督的官员，当选。

✎ 设题陷阱及常见错误分析

考生应对各司法机关相应的职权范围有准确把握，而最高司法权在中国古代当然是属于天子或皇帝所有，此点不应犹豫。

60. [答案] D

[解析] 以《周礼》"八辟"为依据，正式规定"八议"制度，以对皇朝特权人物犯罪实行减免处罚的法典是《曹魏律》（或称《魏律》）。A项不当选。

《晋律》与《北齐律》中相继确立"准五服以制罪"的制度。服制是中国封建社会以丧服为标志，区分亲属的范围和等级的制度。B项不当选。

"官当"是封建社会允许官吏以官职爵位折抵徒罪的特权制度，它正式出现在《北魏律》与《陈律》中。因此，C项前半句表述正确，但后半句错误，"官当"只能折抵徒罪。C项不当选。

D项表述完全正确，当选。

61. [答案] ACD

[解析] 秦代法律所规定的罪名极为繁多，且尚无系统分类，更未形成较为科学的罪名体系。因此，A项错误，当选。

秦代的危害皇权罪极为繁多，包括：谋反；泄露机密（皇帝行踪、住所、言语）；偶语《诗》《书》、以古非今；诅咒、诽谤；妄言、妖言；非所宜言；投书（投寄匿名信）；不行君令；等等。此外，聚众反抗统治秩序的群盗罪，也属于危害皇权的重大政治犯罪。因此，B项正确，不当选。

有关司法官吏的渎职犯罪中，"见知不举"罪针对的是明知构成犯罪，但故意不举发，不追究刑事责任；"不直"罪针对的是罪应重而司法官吏故意轻判，罪应轻而司法官吏故意重判；"纵囚"罪针对的是应当论罪而故意不论罪，以及设法减轻案情，故意使案犯达不到定罪标准，从而判其无罪；"失刑"罪针对的是司法官吏因过失而量刑不当。因此，CD两项错误，当选。

✎ 设题陷阱及常见错误分析

有关司法官吏渎职的四种犯罪，考生经常混淆，请重点识记。

62. [答案] A

[解析] 唐律根据犯罪人的主观意图将杀人罪区分为"六杀"：事前有预谋的杀人，被称为"谋杀"；虽是情急之下杀人，但已产生了杀人的故意，被称为"故杀"；在斗殴中出于激愤失手将人杀死，被称为"斗杀"；由于种种原因错置了杀人对象，被称为"误杀"；出于过失杀人，被称为"过失杀"；"以力共戏"而导致杀人，被称为"戏杀"。可见，A项正确，B项错误。

唐律还将非法获取公私财物的六种犯罪行为称为"六赃"：官吏收

受财物导致枉法裁判的，被称为"受财枉法"；官吏收受财物，但没有枉法裁判的，被称为"受财不枉法"；官吏利用职权之便非法收受所辖范围内百姓或下属的财物的，被称为"受所监临"；官吏或常人非因职权之便非法收受财物，即收取不应该收取的财物的，被称为"坐赃"；以暴力获取公私财物的，被称为"强盗"；以隐蔽的手段将公私财物据为己有的，被称为"窃盗"。可见，C项错误，"受财不枉法"也构成犯罪，应受处罚；D项错误，应为"坐赃"。

63. 【答案】ABCD

【解析】上请，是指通过请示皇帝给有罪贵族官僚某些优待的制度。东汉时"上请"适用面越来越宽，遂成为官僚贵族的一项普遍特权，从徒刑二年到死刑都可以适用。可见，上请适用于相对较重的刑罚。A项错误，当选。

恤刑原则是以"为政以仁"相标榜，贯彻儒家矜老恤幼的思想。年80岁以上的老人，8岁以下的幼童，以及怀孕未产的妇女、老师、侏儒等，在有罪监禁期间，给予不戴刑具的优待；老人、幼童及连坐妇女，除犯大逆不道诏书指明追捕的犯罪外，一律不再拘捕监禁。可见，并非老幼妇孺的所有犯罪行为均不再拘捕监禁。B项错误，当选。

《春秋》决狱制度强调审断时应重视行为人在案情中的主观动机；在着重考察动机的同时，还要依据事实，分别首犯、从犯和已遂、未遂。董仲舒在《春秋繁露》中解说道："春秋之听狱也，必本其事而原其志。志邪者不待成，首恶者罪特重，本直者其论轻。"可见，《春秋》决狱制度强调主观动机，但也看重行为事实，根据事实追溯其主观动机。C项错误，当选。当然，《春秋》决狱对传统的司法和审判是一种积极的补充。但是，如果专以主观动机"心""志"的"善恶"，判断有罪无罪或罪行轻重，在某种程度上也为司法擅断提供了依据。

秋冬行刑制度根据的是"天人感应"理论，一般死刑犯须在秋天霜降以后、冬至以前执行死刑，因为这时"天地始肃"，杀气已至，便可"申严百刑"，以示所谓"顺天行诛"，但是谋反、大逆等"决不待时"者除外。D项错误，当选。

✎ 设题陷阱及常见错误分析

　　汉律儒家化是考试的重点，但考生对此部分的记忆和理解往往似是而非，并不准确。此习题的设计，意在帮助考生准确理解相关原则和制度。另外，请注意：①上请制度开始于刘邦，到东汉时成为普遍特权；②恤刑原则不只针对老幼，怀孕未产的妇女、老师、侏儒等也在一体怜恤的范围之内。

64. [答案] B

[解析] 在《法经》中，《具法》是关于定罪量刑中从轻从重法律原则的规定，所谓"具其加减"，相当于现代刑法典中的总则部分，但置于法典之尾。A 项错误。

　　魏明帝下诏改定刑制，作新律 18 篇，后人称为《魏律》或《曹魏律》，其中，将《法经》中的"具律"改为"刑名"置于律首。B 项正确。

　　后来，在刑名律之后增加法例律，丰富了刑法总则的内容的法典是西晋武帝时颁布的《晋律》，又称"泰始律"。C 项错误。

　　将刑名与法例律合为名例律一篇，充实了刑法总则的是当时最有水准的法典《北齐律》。D 项错误。

✎ 设题陷阱及常见错误分析

　　关于中国古代法典的结构和篇章名称，一直以来都是考试的重点，基本上每年均有涉猎，请考生务必精确记忆。另外，《北齐律》是 12 篇，《曹魏律》是 18 篇，《晋律》和《北魏律》都是 20 篇。《北齐律》的 12 篇体例最终为隋唐所继承。此外，《晋律》又称《泰始律》，《晋律》及其注解又被合称为"张杜律"，也请熟记。

65. [答案] B

[解析] 明代有九卿会审（又称"圆审"）的制度，即针对皇帝交付的案件或已判决但因犯仍翻供不服之案，由六部尚书及通政使司的通政使、都察院左都御史、大理寺卿九人会同审理。而明代的大审制度，乃是由司礼监（宦官二十四衙之首）一员在堂居中而坐，尚书各官列居左右，

会同三法司在大理寺共审囚徒，其每5年举行一次。A项混淆了九卿会审和大审，错误。

明代的朝审在每年霜降之后举行，由三法司会同公侯、伯爵，在吏部尚书（或户部尚书）主持下会审重案囚犯。清代的秋审和朝审皆渊源于此。B项正确。

清代最重要的死刑复审制度是秋审，针对的是全国上报的绞、斩监候案件，于每年秋天8月，由九卿、詹事、科道以及军机大臣、内阁大学士等重要官员在天安门金水桥西会同审理。而针对刑部判决的重案以及京师附近斩、绞监候案件进行的复审，被称为朝审，其审判组织、方式与秋审大体相同，但却是在每年霜降后10日举行。C项错误。

清代还于每年小满后10日至立秋前1日，由大理寺官员会同各道御史及刑部承办司针对发生在京师的笞杖刑案件共同进行重审，其目的在于快速决放在监笞杖刑案犯。D项错误。

✎ 设题陷阱及常见错误分析

秋审被清朝统治者看成是"国家大典"，非常受重视，还为其专门制定《秋审条款》。

66. 答案 B

解析 在清末司法机关改革方面，清政府将大理寺改为大理院，作为全国最高审判机关；将刑部改为法部，掌管全国司法行政事务，实行审检分立。A项错误，混淆了大理院和法部的职权。

根据清末的《法院编制法》，诉讼制度方面实行四级三审制，规定了刑事案件公诉制度、证据、保释制度，实行公开、回避等审判制度，初步规定了法官及检察官考试任用制度，同时改良了监狱和狱政管理制度。B项正确。

在领事裁判权的问题上，一般采被告主义原则管辖；享有领事裁判权国家的侨民之间的诉讼由所属国审理；不同国家的侨民之间的争讼适用被告主义原则；享有领事裁判权国家的侨民与非享有领事裁判权国家的侨民之间的争讼，前者是被告则适用被告主义原则，后者是被告则由中国法院管辖。C项错误，在非享有领事裁判权国家的侨民作为被告时，中国法院有权管辖。

　　观审制度针对的是外国人作为原告的案件，其所属国领事官员也有权前往观审，如认为审判、判决有不妥之处，可以提出新证据等。会审公廨是 1864 年清廷与英、美、法三国驻上海领事协议在租界内设立的特殊审判机关。在会审公廨内，凡涉及外国人案件，必须有领事官员参加会审；凡中国人与外国人之间诉讼案，由本国领事裁判或陪审，甚至租界内纯属中国人之间的诉讼也由外国领事观审并操纵判决。可见，在会审公廨中，不论任何案件，外国领事官员均有权干预。D 项错误。

✎ 设题陷阱及常见错误分析

　　(1) 观审制度和会审公廨均是外国在华领事裁判权的扩充和延伸，均是对中国司法主权的践踏；

　　(2) 会审公廨是 1864 年清廷与英、美、法三国驻上海领事协议在租界内设立的，可见，协议的对象既有欧洲列强，也有美国。

第4编 宪法学

专题 ⑨ 基本理论

67. 关于宪法的历史,下列说法错误的是:(　　)

A. 美国《独立宣言》宣告,凡权利无保障和分权未确立的社会便没有宪法

B.《美国宪法》正文部分第一次全面系统地规定了文化制度

C. 世界上第一部社会主义宪法是 1918 年《苏俄宪法》

D. 1919 年德国《魏玛宪法》第一次系统地规定了经济制度

68. 关于宪法的分类,下列说法正确的是:(　　)

A. 不成文宪法没有成文的法典形式

B. 柔性宪法具有最高法律效力

C. 我国宪法既是成文宪法,又是刚性宪法、民定宪法

D. 1830 年《法国宪法》、1215 年英国的《大宪章》均属于钦定宪法

E. 英国、新西兰属于典型的不成文宪法国家,德国、法国、以色列、沙特阿拉伯属于典型的成文宪法国家

F. 英国学者蒲莱士提出了钦定宪法、民定宪法和协定宪法的分类

G. 1791 年《法国宪法》是欧洲历史上第一部成文宪法

69. 下列哪些选项属于 1993 年《宪法》修改的内容?(　　)

A. 增加规定"国家允许私营经济在法律规定的范围内存在和发展"

B. 把"我国正处于社会主义初级阶段""建设有中国特色社会主义""坚持改革开放"写进《宪法》

C. 增加规定"中国共产党领导的多党合作和政治协商制度将长期存在和发展"

D. 把"发展社会主义市场经济"写进《宪法》序言

E. 将镇压"反革命的活动"修改为镇压"危害国家安全的犯罪活动"

F. 将国家的土地征用制度修改为"国家为了公共利益的需要，可以依照法律规定对土地实行征收或者征用并给予补偿"

70. 关于宪法附则，下列说法正确的是：（　　　）

A. 附则是宪法的一部分，但其不具有法律效力

B. 附则具有特定性，只对特定的条文或事项适用

C. 附则具有临时性，只对特定的时间或情况适用

D. 附则是宪法的特别条款，根据特别法优于普通法的原则，其法律效力高于宪法的一般条款

专题 ⑩　基本制度

71. 关于我国的国家性质，下列说法正确的是：（　　　）

A. 社会主义制度是我国的根本政治制度

B. 我国的国家性质是社会主义

C. 工人阶级掌握国家政权、成为领导力量是人民民主专政的阶级基础

D. 无产阶级专政本质上就是人民民主专政

72. 关于宪法中的经济制度，下列说法不正确的是：（　　　）

A. 自德国《魏玛宪法》颁布以来，经济制度成为现代宪法调整的重要内容之一

B. 全民所有制经济是国民经济中的主导力量

C. 集体所有制经济是国民经济的基础力量

D. 在我国，非公有制经济是社会主义市场经济的必要补充

E. 公有制为主体、多种所有制经济共同发展的基本经济制度，是中国特色社会主义制度的重要支柱

F. 在我国，初次分配和再分配都要兼顾效率和公平，初次分配要注重公平，再分配要更加注重效率

73. 关于国家的基本文化制度，下列说法不正确的是：（ ）

A. 1918年《苏俄宪法》第一次比较全面系统地规定了文化制度

B. 我国宪法明确规定，国家推广全国通用的普通话

C. 文化制度具有历史性和民族性，不具有阶级性

D. 我国宪法明确规定，国家保护名胜古迹、珍贵文物和其他重要历史文化遗产

74. 我国的基本社会制度是基于经济、政治、文化、社会、生态文明五位一体的社会主义建设的需要，在社会领域所建构的制度体系。关于国家的基本社会制度，下列哪些选项是正确的？（ ）

A. 我国的基本社会制度是国家的根本制度

B. 社会保障制度是我国基本社会制度的核心内容

C. 职工的工作时间和休假制度是我国基本社会制度的重要内容

D. 加强社会法的实施是发展与完善我国基本社会制度的重要途径

E. 国家基本社会制度包括发展社会科学事业的内容

F. 人才培养制度是我国的基本社会制度之一

G. 关于社会弱势群体和特殊群体的社会保障的规定是对平等原则的突破

75. 根据《选举法》的规定，关于选举机构，下列选项不正确的是：（ ）

A. 特别行政区的全国人大代表选举会议的第一次会议由全国人大常委会主持；会议选举会议成员组成主席团，由主席团来主持特别行政区全国人大代表的选举

B. 乡、民族乡的选举委员会受县级人大常委会任命和领导

C. 某县人大常委会主持该县人大代表的选举

D. 浙江省人大在选举全国人大代表时，由浙江省人大常委会主持

76. 根据《选举法》的规定，下列做法正确的是：（ ）

A. 某选举委员会在选举日之前第18日公布了选民名单

B. 某选民对公布的选民名单有不同意见，于是在名单公布之日起第4日向选举委员会提出申诉

C. 选举委员会在收到申诉意见后的第5日作出了处理决定

D. 申诉人对处理决定不服，于是在选举日之前第3日，向人民法院起诉

77. 关于县级人大代表的罢免，下列哪一选项符合《选举法》的规定？（　　　）

　　A. 须有选民 50 人以上联名向选举委员会书面提出罢免要求

　　B. 须经原选区过半数的选民通过

　　C. 须经参加投票的选民过半数通过

　　D. 须将决议报送上一级人大常委会备案

78. 关于人大代表的辞职，下列说法正确的是：（　　　）

　　A. 乡镇人大代表可以向本级人大常委会书面提出辞职

　　B. 县级人大代表可以向本级人大书面提出辞职

　　C. 间接选举的代表可以向其所在的人大的常委会书面提出辞职

　　D. 间接选举的代表可以向选举他的人大的常委会书面提出辞职

79. 关于行政区域变更的法律程序，下列说法不正确的是：（　　　）

　　A. 全国人大常委会有权决定省、自治区和直辖市的更名

　　B. 国务院有权决定省、自治区和直辖市的行政区域界线的变更

　　C. 省级人大有权决定乡镇的设立、撤销

　　D. 省级政府有权决定县的行政区域界线的重大变更

　　E. 省级政府驻地的迁移由国务院审批

　　F. 凡涉及海岸线、海岛、边疆要地、湖泊、重要资源地区及特殊情况地区的隶属关系或者行政区域界线的变更，由国务院审批

　　G. 根据国务院的授权，省级政府有权审批县、不设区的市、市辖区政府驻地的迁移；批准变更时，同时报送国务院备案

80. 关于民族自治地方的自治权，下列说法正确的是：（　　　）

　　A. 上级国家机关的决议、决定、命令和指示，有不适合民族自治地方实际情况的，自治机关可以直接变通执行或者停止执行

　　B. 民族自治地方的政府应当由实行区域自治的民族的公民担任正、副首长

　　C. 自治州、自治县决定减税或者免税，须报省级政府批准

　　D. 民族自治地方的财政预算支出，按照国家规定，设机动资金，但预备费在预算中所占比例不得高于一般地区

81. 关于中央与特别行政区的关系，下列说法不正确的是：（　　　）

A. 中央人民政府授权特别行政区依照基本法自行处理有关的外交事务

B. 香港特别行政区政府在必要时，可向中央人民政府请求驻军协助维持社会治安和救助灾害

C. 如特别行政区内发生特别行政区政府不能控制的危及国家统一或安全的动乱，全国人大常委会有权决定特别行政区进入紧急状态

D. 全国人大常委会有权修改基本法

82. 关于特别行政区基本法的解释，下列说法不正确的是：（　　）

A. 基本法的解释权属于全国人大常委会

B. 全国人大常委会授权特别行政区法院在审理案件时对基本法关于特别行政区自治范围内的条款自行解释

C. 如特别行政区法院需要对基本法关于中央人民政府管理的事务或中央和特别行政区关系的条款进行解释，而该条款的解释又影响到案件的判决，在对该案件作出不可上诉的终局判决前，应由特别行政区行政长官提请全国人大常委会对有关条款作出解释

D. 如全国人大常委会作出解释，特别行政区法院在引用该条款时，应以该解释为准；此前作出的判决与此不同的，均应撤销

83. 关于香港特别行政区的行政长官和立法会之间的关系，下列说法不正确的是：（　　）

A. 立法会通过的法案，须经行政长官签署、公布，方能生效

B. 行政长官如认为立法会通过的法案不符合香港特别行政区的整体利益，可在3个月内将法案发回立法会重议

C. 立法会拒绝通过政府提出的财政预算案或其他重要法案，经协商仍不能取得一致意见，行政长官可解散立法会

D. 行政长官在其一任任期内只能解散立法会2次

84. 关于特别行政区基本法的修改，下列说法错误的是：（　　）

A. 在全国人大闭会期间，全国人大常委会有权在不同基本法基本原则相抵触的前提下修改基本法

B. 全国人大常委会、国务院、中央军委、最高法、最高检和特别行政区有权提出基本法的修改议案

C. 在特别行政区行使修改提案权的情况下，修改议案须经特别行政区的全国人大代表 2/3 多数、特别行政区立法会全体议员 2/3 多数同意后，交由特别行政区行政长官向全国人大提出

D. 修改议案在列入全国人大的议程前，先由特别行政区基本法委员会研究并提出意见

85. 根据《宪法》和《村民委员会组织法》的规定，下列哪些选项是不正确的？（　　　）

A. 村民委员会每届任期 5 年，村民委员会成员连续任职不得超过 2 届

B. 村民委员会选举由乡镇政府主持

C. 村民委员会成员由年满 18 周岁未被剥夺政治权利的村民直接选举产生

D. 村民委员会的候选人应由政党、人民团体或 10 名以上村民联名提名

86. 根据《宪法》和《村民委员会组织法》的规定，下列哪一选项是正确的？（　　　）

A. 村民委员会成员的候选人，须获得登记参加选举的村民过半数的选票方才当选

B. 罢免村民委员会成员的，须经投票的村民过半数通过

C. 村民委员会向村民会议负责并报告工作，没有义务向村民代表会议负责并报告工作

D. 村民委员会成员被判处刑罚的，其职务自行终止

87. 根据《村民委员会组织法》的规定，下列选项不正确的有：（　　　）

A. 村民委员会有权制定村规民约，报乡、民族乡、镇的人民政府批准生效

B. 村民委员会成员只有连续 3 次被评议不称职的，其职务才终止

C. 村民委员会成员实行任期和离任经济责任审计，由村民委员会主任负责组织

D. 村民会议由本村 18 周岁以上的没有被剥夺政治权利的村民组成

专题 **11**　基本权利

88. 关于广义的人身自由，下列说法正确的是：（　　　）

A. 我国宪法没有明确规定姓名权、隐私权等人格权

B. 我国宪法明确禁止非法搜查、非法侵入、非法买卖公民的住宅

C. 住宅不受侵犯的规定要求国家保障每个公民都获得住宅

D. 为了搜集犯罪证据，人民法院可以对犯罪嫌疑人的手机通信予以监听

89. 关于宪法中规定的社会经济权利和文化教育权利，下列说法不正确的是：（　　）

A. 宪法明确规定了继承权

B. 宪法规定，全体公民有劳动的权利和义务，也有休息权

C. 受教育既是公民的权利，又是公民的义务

D. 宪法规定，公民在年老、疾病或遭遇自然灾害的情况下，有从国家和社会获得物质帮助的权利

90. 下列情形中，侵犯了公民宪法权利的是：（　　）

A. 公民甲因精神病发作而未被选举委员会列入选民名单

B. 某报报道了副市长乙因嫖娼而被公安机关当场抓获的新闻

C. 公安机关就某刑事案件要求电信部门提供公民丙的通讯记录

D. 某高校毕业生丁因身高不符合中国人民银行某分行的招聘条件而未被录用

专题 ⑫ 国家机构

91. 关于全国人大会议制度，下列哪些说法是错误的？（　　）

A. 全国人大会议由主席团召集

B. 1/5 以上的全国人大代表提议，可以临时召集全国人大会议

C. 每次会议的预备会议由全国人大常委会主持

D. 全国人大所有会议须有 3/4 以上代表出席，始得举行

92. 下列各项中，哪些属于全国人大常委会的职权？（　　）

A. 决定战争和和平的问题

B. 监督国务院、中央军委的工作

C. 在全国人大闭会期间，根据国务院总理的提名，决定国务院其他组成人员的人选

D. 决定授予国家的勋章和荣誉称号

93. 关于全国人大的各委员会，下列说法错误的有：（　　）

A. 依法设立的特定问题调查委员会在调查过程中，可以不公布调查的情况和材料

B. 全国人大专门委员会是最高国家权力机关的非常设机关

C. 全国人大专门委员会的组成人选，由主席团在代表中提名，大会通过

D. 全国人大专门委员会负责审议与其职权有关的法律草案

94. 《国家勋章和国家荣誉称号法》由中华人民共和国第十二届全国人民代表大会常务委员会第十八次会议于 2015 年 12 月 27 日通过，自 2016 年 1 月 1 日起施行。根据该法的规定，下列说法正确的有：（　　）

A. 友谊勋章只能授予在我国社会主义现代化建设和促进中外交流合作、维护世界和平中作出杰出贡献的外国人

B. 国家荣誉称号的名称必须冠以"人民"

C. 全国人大常委会根据各方面的建议，向全国人大提出授予国家勋章、国家荣誉称号的议案

D. 中华人民共和国主席有权直接授予外国政要、国际友人等人士"友谊勋章"

95. 根据《全国人民代表大会常务委员会关于实行宪法宣誓制度的决定》的规定，关于我国宪法宣誓的程序，下列说法正确的有：（　　）

A. 只有各级人大以及县级以上各级人大常委会选举或决定任命的国家工作人员才应进行宪法宣誓

B. 凡由全国人大常委会决定或任命的国家机关工作人员的宪法宣誓活动，均应由全国人大常委会委员长会议组织宣誓仪式

C. 我国的宪法宣誓只有集体宣誓，没有单独宣誓

D. 我国的宪法宣誓一般情况下应当公开举行，特殊情况下可以秘密举行

E. 宪法宣誓应在选举结果揭晓之后立即举行

F. 集体宣誓时，由一人领誓，领誓人右手抚按《宪法》，左手举拳，领诵誓词

G. 最高法副院长的宪法宣誓活动，由全国人大常委会委员长会议组织

H. 宪法宣誓仪式应当奏唱国歌

I. 宣誓场所应当庄重、严肃，悬挂国旗或国徽

96. 根据《宪法》和法律的规定，下列表述错误的是：（　　　）

A. 全国人大代表在全国人大各种会议上的各种活动不受法律追究

B. 在全国人大闭会期间，全国人大代表未经本级人大主席团许可，不受逮捕和刑事审判

C. 因刑事案件被羁押正在受侦查、起诉、审判的代表，终止代表资格

D. 未经批准2次不出席本级人大会议的代表，终止代表资格

E. 全国人大代表在全国人大全体会议上临时要求发言的，必须取得大会执行主席许可

F. 代表团团长或者代表团推选的代表在全国人大主席团每次会议上发言的，每人可以就同一议题发言2次，第一次不超过10分钟，第二次不超过5分钟

97. 关于国家主席的职权，下列说法正确的是：（　　　）

A. 根据全国人大及其常委会的决定，任免国务院各部部长

B. 在全国人大会议期间，向全国人大提名国家副主席、国务委员的人选

C. 根据全国人大常委会的决定，进行国事活动，接受外国使节

D. 根据全国人大常委会的决定，派遣和召回驻外全权代表

98. 根据《宪法》的规定，下列表述错误的是：（　　　）

A. 国务院常务会议一般由总理召集，也由总理主持，总理对相关事项拥有最后决定权

B. 审计机关在国务院总理领导下，依法独立行使审计监督权

C. 总理、副总理、国务委员、各部部长、各委员会主任连续任职不得超过2届

D. 国务院常务会议由总理、副总理、国务委员、秘书长组成

99. 下列哪些选项属于国务院的职权范围？（　　　）

A. 编制并审批国民经济和社会发展计划和国家预算

B. 同外国缔结条约和协定

C. 撤销省级人大制定的同宪法、法律和行政法规相抵触的地方性法规和决议

D. 领导和管理国防建设事业

100. 关于规范性法律文件的公布和刊登，下列说法错误的是：（　　　）

    A. 宪法修正案由国家主席签署主席令予以公布

    B. 全国人大常委会通过的法律也由国家主席签署主席令予以公布

    C. 省级人大制定的地方性法规由其常委会发布公告予以公布

    D. 行政法规由总理签署国务院令加以公布，并在国务院公报、中国人大网和全国范围内发行的报纸上刊登

101. 关于监察委员会的留置权，下列说法正确的有：（　　　）

    A. 被调查人涉嫌贪污贿赂、失职渎职等严重职务违法或者职务犯罪，监察机关尚未掌握其违法犯罪事实及证据，但被调查人可能逃跑的，经监察机关依法审批，可以将其留置在特定场所

    B. 对涉嫌行贿犯罪的涉案人员王某，监察机关可以依法采取留置措施

    C. 依法应当留置的被调查人如果在逃，监察机关可以决定在本行政区域内通缉，发布通缉令，追捕归案

    D. 调查人员采取留置措施，应当依照规定出示证件，出具书面通知，由 2 人以上进行

    E. 监察机关采取留置措施，应当由监察委员会主任决定

    F. 地方各级监察机关采取留置措施，应当报上一级监察机关批准

    G. 留置时间不得超过 3 个月；在特殊情况下，可以延长 2 次，每次延长时间不得超过 3 个月

    H. 省级监察机关采取留置措施的，延长留置时间应当报国家监察委员会批准

    I. 监察机关对被调查人采取留置措施后，必须在 24 小时以内，通知被留置人员所在单位和家属

    J. 监察机关应当保障被留置人员的饮食、休息和安全，提供医疗服务

    K. 被留置人员涉嫌犯罪移送司法机关后，被依法判处管制、拘役和有期徒刑的，留置 1 日折抵 1 日

    L. 留置法定期限届满，监察机关不予以解除的，被调查人及其近亲属有权

向该机关申请复查，该监察机关应当在收到复查申请之日起2个月内作出处理决定

M. 留置法定期限届满，监察机关不予以解除的，被调查人及其近亲属有权向上一级监察机关申诉，受理申诉的监察机关应当在受理申诉之日起1个月内作出处理决定

答案及解析

67. [答案] ABD

[解析] 凡权利无保障和分权未确立的社会便没有宪法，这是法国《人权宣言》规定的内容。A项错误，当选。

第一次全面系统地规定了文化制度的是德国《魏玛宪法》。B项错误，当选。

第一次系统地规定了经济制度的是1918年《苏俄宪法》，其序言《被剥削劳动人民权利宣言》第一次系统地规定了经济制度。C项正确，不当选；D项错误，当选。

✐ 设题陷阱及常见错误分析

（1）我国第一部社会主义类型的宪法是1954年宪法；

（2）1787年《美国宪法》正文部分只规定了国家基本制度的内容，没有关于公民基本权利的内容。

68. [答案] CG

[解析] 成文宪法和不成文宪法是根据宪法是否具有统一的法典形式进行的划分。世界上的不成文宪法国家主要有英国、新西兰、以色列、沙特阿拉伯等少数国家。E项错误。

英国是典型的不成文宪法国家，英国宪法包括1215年《大宪章》、1628年《权利请愿书》、1679年《人身保护法》、1689年《权利法案》、1701年《王位继承法》、1928年《男女选举平等法》等，这些都是书面文件。A项错误。

刚性宪法和柔性宪法是根据宪法有无严格的制定、修改机关和程序

进行的划分。柔性宪法的制定、修改机关和程序与一般法律相同，效力也没有差异。B 项错误。

我国有统一的宪法典，我国宪法属于成文宪法；我国宪法的制定、修改机关和程序与一般法律不同，属于刚性宪法；我国的制宪主体是人民，我国宪法属于民定宪法。C 项正确。

钦定宪法是指由君主或以君主的名义制定和颁布的宪法。日本的明治宪法和我国的《钦定宪法大纲》属于钦定宪法。但 1215 年英国的《大宪章》是由君主和贵族、僧侣等各阶层代表协商制定的，属于协定宪法；1830 年《法国宪法》也属于协定宪法。D 项错误。

英国学者蒲莱士提出的是成文宪法与不成文宪法、刚性宪法与柔性宪法这两种宪法分类模型，而非钦定宪法、民定宪法和协定宪法的分类。F 项错误。

1791 年《法国宪法》是法国历史上第一部成文宪法，也是欧洲历史上第一部成文宪法。G 项正确。

✎ 设题陷阱及常见错误分析

（1）真实的宪法和虚假的宪法的分类是列宁提出来的。

（2）我国有判例，但没有判例法；有宪法惯例，但没有宪法判例。

69. [答案] BC

[解析] A 项属于 1988 年《宪法》修改的内容，DE 两项属于 1999 年《宪法》修改的内容，F 项属于 2004 年《宪法》修改的内容。因此，BC 两项当选。

70. [答案] BC

[解析] 宪法附则，是指宪法对于特定事项需要特殊规定而作出的附加条款。就其名称，有的叫暂行条款、过渡条款，有的叫特别条款、临时条款等。附则的法律效力与一般条文相同，但有两大特点：①特定性，即只对特定的条文或事项适用；②临时性，即只对特定的时间或情况适用。可见，AD 两项错误，BC 两项正确。

✎ 设题陷阱及常见错误分析

附则也有法律效力。

71. [答案] B

[解析] 社会主义制度是我国的根本制度。我国的根本政治制度是人民代表大会制度。A 项未能清晰区分二者，错误。

工人阶级掌握国家政权、成为领导力量是人民民主专政的根本标志；人民民主专政的阶级基础是工农联盟。C 项错误。

人民民主专政是马克思主义国家理论同中国社会的实际相结合的产物，其本质上是无产阶级专政。D 项错误。

✐ 设题陷阱及常见错误分析

务必区分根本制度和根本政治制度。

72. [答案] DF

[解析] A 项为教材原文，正确，不当选。请考生记忆。

社会主义公有制是我国经济制度的基础，其中，全民所有制经济是国民经济的主导力量，集体所有制经济是国民经济的基础力量。BC 两项正确，不当选。

非公有制经济是社会主义市场经济的重要组成部分。D 项错误，当选。

2013 年 11 月 12 日，《中共中央关于全面深化改革若干重大问题的决定》强调："公有制为主体、多种所有制经济共同发展的基本经济制度，是中国特色社会主义制度的重要支柱，也是社会主义市场经济体制的根基。"E 项正确，不当选。

2013 年 2 月 3 日，国务院批转了《关于深化收入分配制度改革的若干意见》，要求初次分配和再分配都要兼顾效率和公平，初次分配要注重效率，创造机会公平的竞争环境，维护劳动收入的主体地位；再分配要更加注重公平，提高公共资源配置效率，缩小收入差距。F 项错误，当选。

✐ 设题陷阱及常见错误分析

（1）1918 年《苏俄宪法》第一次系统规定了经济制度，扩大了宪法的调整范围；

（2）社会主义公有制包括全民所有制和劳动群众集体所有制；

（3）我国的分配制度，实行各尽所能、按劳分配的原则，而不是按需分配。

73. [答案] AC

[解析] 第一次全面系统地规定文化制度的是《魏玛宪法》。A项错误，当选。

现行《宪法》第19条第5款规定："国家推广全国通用的普通话。"B项正确，不当选。

文化制度具有历史性、民族性和阶级性。C项错误，当选。

现行《宪法》第22条第2款规定："国家保护名胜古迹、珍贵文物和其他重要历史文化遗产。"D项正确，不当选。

🖉 设题陷阱及常见错误分析

（1）我国宪法没有明确规定知识产权；

（2）宪法规定的文化教育权利也属于国家的文化制度的重要内容；

（3）早期社会主义宪法一般都宣布社会主义文化是大众文化，并重视对公民受教育权和国家教育制度的规定；

（4）二战之后，世界各国宪法关于文化制度的规定大体可以分为三种类型：资本主义的文化制度、社会主义的文化制度和民族民主主义的文化制度。

74. [答案] BCDF

[解析]《宪法》第1条第2款规定："社会主义制度是中华人民共和国的根本制度。……禁止任何组织或者个人破坏社会主义制度。"A项错误。

社会保障制度是基本社会制度的核心内容，甚至说狭义上的社会制度就是指社会保障制度。B项正确。

我国现行《宪法》对基本社会制度的规定主要包括以下方面：①社会保障制度；②医疗卫生事业；③劳动保障制度；④人才培养制度；⑤婚姻家庭制度；⑥计划生育制度；⑦社会秩序及安全维护制度。F项正确。就劳动保障制度而言，职工的工作时间和休假制度由宪法加以明确规定的。《宪法》第43条规定："中华人民共和国劳动者有休息的权利。国家发展劳动者休息和休养的设施，规定职工的工作时间和休假制度。"C项正确。

随着社会的发展，"法律社会化"现象的出现，又形成了一种新的法律即社会法，如社会保障法等。因此，加强社会法的实施顺理成章地成为发展与完善我基本社会制度的重要途径。D项正确。

发展社会科学事业属于基本文化制度。E项错误。

社会制度以保障公平为核心，其以相应的价值体系与规则体系引领与营造公平的社会环境之形成，以弱势群体扶助制度体系的建构促进社会实质公平的形成，并通过相应的收入再分配调节机制，在一定程度上缩小差别，促进相对分配公平的实现。G项错误。

75. [答案]CD

[解析]特别行政区的全国人大代表选举会议的第一次会议由全国人大常委会主持；会议选举会议成员组成主席团，由主席团来主持特别行政区全国人大代表的选举。A项正确，不当选。

直接选举（县、乡两级人大代表的选举）的选举主持机构是选举委员会，受县级人大常委会任命和领导，受省、市两级人大常委会的指导。B项正确，不当选；C项错误，当选。

在间接选举中，本级人大常委会主持本级人大代表的选举；县级以上地方人大在选举上一级人大代表时，由各该级人大主席团主持。D项错误，当选。

✎ 设题陷阱及常见错误分析

在间接选举中，本级人大代表的选举由常委会主持，上级人大代表的选举由主席团主持。

76. [答案]B

[解析]选民名单应在选举日的20日以前公布。A项错误。

对于公布的选民名单有不同意见的，可以在选民名单公布之日起5日内向选举委员会提出申诉。B项中，第4日即提出申诉，非常妥当。B项正确。

选举委员会对申诉意见，应在3日内作出处理决定。C项中，选举委员会第5日才作出处理决定，违法。C项错误。

申诉人如果对处理决定不服，可以在选举日的5日以前向人民法院起诉，人民法院应在选举日以前作出判决。人民法院的判决为最后决定。D项中，申诉人在选举日之前第3日向人民法院起诉，没有给人民法院留出充足的时间，不符合法律规定。D项错误。

📝 设题陷阱及常见错误分析

《选举法》中涉及的时间都是考核重点，要求考生精确记忆。

77. [答案] B

[解析] 选民 50 人以上联名（县级人大代表的罢免）或选民 30 人以上联名（乡级人大代表的罢免）可以向县级人大常委会书面提出罢免要求，并写明罢免理由；须经原选区过半数的选民通过，方得罢免。A 项中，在举行罢免程序之时，选举委员会已经解散了，无法接收罢免要求，不当选。通过罢免要求的是原选区过半数的选民通过，而非参加投票的选民过半数通过。B 项当选，C 项不当选。

只有罢免间接选举的代表才需要将罢免决议报上一级人大常委会备案、公告。D 项不当选。

📝 设题陷阱及常见错误分析

提出罢免要求的主体务必熟记。

78. [答案] D

[解析] 乡级人大没有常委会，乡镇人大代表可向本级人大书面提出辞职，经乡级人大过半数的代表通过。A 项错误。

县级人大代表可向本级人大常委会书面提出辞职，经县级人大常委会组成人员的过半数通过。B 项错误。

间接选举的代表可向选举他的人大的常委会书面提出辞职，经该常委会组成人员的过半数通过，并将决议报送上一级人大常委会备案、公告。C 项错误，D 项正确。

📝 设题陷阱及常见错误分析

代表在任期内出缺，由原选区或者原选举单位补选；补选出缺的代表时，代表候选人的名额可以多于应选代表的名额，也可以同应选代表的名额相等。

79. [答案] ACD

[解析] 在行政区域变更方面，审批主体只有全国人大、国务院和省级政

府，常委会、省级人大无权审批。乡、民族乡、镇的建置和区域划分（设立、撤销、更名或行政区域界线的变更）由省级政府决定。AC 两项错误，当选。

省、自治区、直辖市的行政区域界线的变更由国务院审批，除此之外的设立、撤销、更名由全国人大决定。B 项正确，不当选。

自治州、县、自治县、市、市辖区的建置和区域划分（设立、撤销、更名或隶属关系、行政区域界线的变更）由国务院决定；县、市、市辖区的部分行政区域界线的变更也可以授权省级政府审批。D 项错误，当选。

EFG 三项符合规定，正确，不当选。

✎ 设题陷阱及常见错误分析

（1）各级政府的民政部门是本级政府处理边界争议的主管部门。

（2）争议双方的上一级政府受理的边界争议，由其民政部门会同有关部门调解；经调解未达成协议的，由民政部门会同有关部门提出解决方案，报本级政府决定。

（3）我国现行《宪法》规定了行政区划的问题，但有关的法律法规也对此进行了规定，如《行政区划管理条例》等。

80. [答案] C

[解析] 上级国家机关的决议、决定、命令和指示，如有不适合民族自治地方实际情况的，自治机关可以报经该上级国家机关批准，变通执行或者停止执行；该上级国家机关应当在收到报告之日起 60 日内给予答复。A 项错误，必须报经批准。

民族自治地方的人大常委会中应当有实行区域自治的民族的公民担任主任或者副主任。自治区主席、自治州州长、自治县县长由实行区域自治的民族的公民担任。B 项错误。

民族自治地方的自治机关在执行国家税法的时候，除应由国家统一审批的减免税收项目以外，对属于地方财政收入的某些需要从税收上加以照顾和鼓励的，可以实行减税或者免税。自治州、自治县决定减税或者免税，须报省、自治区、直辖市政府批准。C 项正确。

民族自治地方的财政预算支出，按照国家规定，设机动资金，预备费在预算中所占比例高于一般地区。D 项错误。

📝 **设题陷阱及常见错误分析**

民族乡的乡长必须由建立民族乡的少数民族公民担任。

81. 答案 AD

解析 中央人民政府负责管理与特别行政区有关的外交事务。中央人民政府授权特别行政区依照基本法自行处理有关的对外事务。可见，有必要区分外交事务和对外事务。A 项错误，当选。

中央人民政府负责管理香港特别行政区的防务。驻军费用由中央人民政府负担。特别行政区政府负责维持特别行政区的社会治安。驻港军队不干预香港特别行政区的地方事务。香港特别行政区政府在必要时，可向中央人民政府请求驻军协助维持社会治安和救助灾害。B 项正确，不当选。

全国人大常委会决定宣布战争状态或因特别行政区内发生特别行政区政府不能控制的危及国家统一或安全的动乱而决定特别行政区进入紧急状态，中央政府可发布命令将有关全国性法律在特别行政区实施。C 项正确，不当选。

全国人大有权修改基本法。全国人大常委会有权解释基本法。请区分修改权和解释权。D 项错误，当选。

📝 **设题陷阱及常见错误分析**

（1）驻军人员除须遵守全国性的法律外，还须遵守香港特别行政区的法律；

（2）请区分防务和社会治安，前者属于军事权，后者属于行政权；

（3）特别行政区回归后，原来带有殖民色彩的法律不予保留。

82. 答案 CD

解析 全国人大常委会有权解释基本法。A 项正确，不当选。

全国人大常委会授权特别行政区法院在审理案件时对基本法关于特别行政区自治范围内的条款自行解释。B 项正确，不当选。当然，特别行政区法院在审理案件时对基本法的其他条款也可以解释。

如需要对基本法关于中央人民政府管理的事务或中央和特别行政区关系的条款进行解释，而该条款的解释又影响到案件的判决，在对该案件作出不可上诉的终局判决前，应由<u>特别行政区终审法院（而不是行政长官）</u>提请全国人大常委会对有关条款作出解释。C项错误，当选。

如果全国人大常委会作出解释，特别行政区法院在引用该条款时，应以该解释为准；此前作出的判决不受影响。D项错误，当选。

✎ 设题陷阱及常见错误分析

全国人大常委会在对基本法进行解释前，征询其所属的特别行政区基本法委员会的意见。

83. [答案] D

[解析] 立法会通过的法案，须经行政长官签署、公布，方能生效。A项正确，不当选。

行政长官如认为立法会通过的法案不符合香港特别行政区的整体利益，可在3个月（澳门90日）内将法案发回立法会重议，立法会如以不少于全体议员2/3多数再次通过原案，行政长官必须在1个月（澳门30日）内签署公布或解散立法会。B项正确，不当选。

此外，政府提出财政预算案或其他重要法案，立法会拒绝通过，经协商仍不能取得一致意见，行政长官可解散立法会。C项正确，不当选。

行政长官在其一任任期内只能解散立法会1次。D项错误，当选。

84. [答案] ABC

[解析] 基本法的修改权属于全国人大。A项错误，当选。

基本法的修改提案权属于全国人大常委会、国务院和特别行政区，没有中央军委、最高法和最高检。B项错误，当选。

在特别行政区行使修改提案权的情况下，修改议案须经特别行政区的全国人大代表2/3多数、特别行政区立法会全体议员2/3多数和特别行政区行政长官同意后，交由特别行政区出席全国人大的代表团向全国人大提出。C项错误，当选。

修改议案在列入全国人大的议程前，先由特别行政区基本法委员会研究并提出意见。D项正确，不当选。

📝 **设题陷阱及常见错误分析**

　　基本法的任何修改，均不得同国家对特别行政区既定的基本方针政策相抵触。

85. 答案 ABD

解 析 村民委员会每届任期 5 年，但村民委员会成员可以连选连任。A 项错误，当选。

　　村民委员会的选举工作由村民选举委员会主持。B 项错误，当选。

　　村民委员会成员由年满 18 周岁未被剥夺政治权利的村民直接选举产生。C 项正确，不当选。

　　村民委员会的候选人由登记参加选举的村民直接提名。D 项错误，当选。

📝 **设题陷阱及常见错误分析**

　　人大代表、村民委员会和居民委员会的任期都是 5 年。

86. 答案 D

解 析 村民委员会无论是选举还是罢免，均采"双过半制"：有登记参加选举的村民过半数投票，选举有效；候选人获得参加投票的村民过半数的选票，始得当选；罢免也是同样的程序。AB 两项错误。

　　村民委员会向村民会议、村民代表会议负责并报告工作。C 项错误。

　　村民委员会成员丧失行为能力或者被判处刑罚的，其职务自行终止。D 项正确。

📝 **设题陷阱及常见错误分析**

　　本村 1/5 以上有选举权的村民或者 1/3 以上的村民代表联名，可以提出罢免村民委员会成员的要求，并说明要求罢免的理由。被提出罢免的村民委员会成员有权提出申辩意见。

87. 答案 ABCD

解 析 村民会议可以制定和修改村民自治章程、村规民约，并报乡、民族乡、镇的人民政府备案。A 项错误，当选。

村民委员会成员连续 2 次被评议不称职的，其职务终止。B 项错误，当选。

村民委员会成员实行任期和离任经济责任审计，由县级政府农业部门、财政部门或者乡级政府负责组织。C 项错误，当选。

村民会议是由本村 18 周岁以上的村民组成的村民群众自治的最高组织形式，参加村民会议不要求未被剥夺政治权利，因为与选举无关，只是讨论。D 项错误，当选。

✐ 设题陷阱及常见错误分析

人数较多或者居住分散的村，可以设立村民代表会议，讨论决定村民会议授权的事项。村民代表会议由村民委员会成员和村民代表组成，村民代表应当占村民代表会议组成人员的 4/5 以上，妇女村民代表应当占村民代表会议组成人员的 1/3 以上。

88. [答案] A

[解析] 我国宪法明确规定了人格尊严，其包括与公民人身存在密切联系的名誉、姓名、肖像等不容侵犯的权利。人格尊严的法律表现是公民的人格权，即姓名权、肖像权、名誉权、荣誉权、隐私权。A 项正确，姓名权和隐私权是从人格尊严中解释出来的，而非宪法明确规定的。

《宪法》第 39 条规定，中华人民共和国公民的住宅不受侵犯。禁止非法搜查或者非法侵入公民的住宅。B 项错误，宪法没有明确禁止非法买卖公民的住宅。

住宅不受侵犯属于消极受益权，重在强调"不受侵犯"，即在没有法律的许可或者户主等居住者的同意的情况下，任何机关、团体或者个人都不能以各种形式（如随意进入、查封、搜查等）"侵犯"公民的住宅。C 项错误，错在将其理解为一种积极受益权。

根据《宪法》第 40 条的规定，对通信的检查只能由公安机关或者检察机关依法进行，人民法院无权进行。D 项错误。

✐ 设题陷阱及常见错误分析

（1）法院无权检查公民的通信；

（2）任何公民，非经检察院批准或者决定或者法院决定，并由公安机关执行，不受逮捕。

89. [答案] BD

[解析] 宪法规定，国家依法保护公民的私有财产权和继承权。A项正确，不当选。

宪法中规定了公民有劳动的权利和义务，也规定了劳动者有休息的权利，而非全体公民。B项错误，当选。

劳动和受教育既是公民的权利，又是公民的义务。C项正确，不当选。

宪法规定，公民在年老、疾病或者丧失劳动能力的情况下，有从国家和社会获得物质帮助的权利。国家发展为公民享受这些权利所需要的社会保险、社会救济和医疗卫生事业。可见，获得物质帮助的情况中没有遭遇自然灾害。D项错误，当选。

✐ 设题陷阱及常见错误分析

切记，除财产权和继承权外，公民的社会经济权利、文化教育权利都属于公民的积极受益权，即公民可以积极、主动地向国家提出请求，国家也应积极予以保障。

90. [答案] D

[解析] "精神病患者不能行使选举权利的，经选举委员会确认，不列入选民名单。"A项不当选。

《宪法》第41条第1款规定，中华人民共和国公民对于任何国家机关和国家工作人员，有提出批评和建议的权利。《宪法》第27条第2款规定，一切国家机关和国家工作人员必须依靠人民的支持，经常保持同人民的密切联系，倾听人民的意见和建议，接受人民的监督，努力为人民服务。B项不当选。

《宪法》第40条规定，除因国家安全或者追查刑事犯罪的需要，由公安机关或者检察机关依照法律规定的程序对通信进行检查外，任何组织或者个人不得以任何理由侵犯公民的通信自由和通信秘密。C项不当选。

D项中，该分行以身高不符合条件为由不予录用的行为违反了《宪法》第33条第2款规定的"中华人民共和国公民在法律面前一律平等"的原则，侵犯了该毕业生平等就业的权利。D项当选。

91. [答 案] AD

[解 析] 根据《宪法》、《全国人民代表大会组织法》和《全国人民代表大会议事规则》的规定，全国人大会议每年举行 1 次，由全国人大常委会召集；如果全国人大常委会认为必要，或者有 1/5 以上的全国人大代表提议，可以临时召集全国人大会议；全国人大会议必须要有 2/3 以上的代表出席，始得举行；全国人大每次会议举行预备会议，由全国人大常委会主持。因此，AD 两项错误，当选；BC 两项正确，不当选。

✍ 设题陷阱及常见错误分析

（1）会议一般公开举行；在必要时，经主席团和各代表团团长会议决定，可以举行秘密会议。

（2）代表团团长、副团长由各代表团分别推选产生，而不是由各代表团全体成员选举产生。

92. [答 案] BCD

[解 析] 本题考查全国人大常委会的职权，要求考生准确区分全国人大和全国人大常委会各自所享有的职权，不要混淆。根据《宪法》的规定，战争和和平问题的决定权归全国人大。A 项不当选，BCD 三项当选。

✍ 设题陷阱及常见错误分析

全国人大常委会的重大事项决定权包括：①决定同外国缔结的条约和重要协定的批准和废除；②规定和决定授予国家的勋章和荣誉称号；③决定特赦；④在全国人大闭会期间，如果遇到国家遭受武装侵犯或者必须履行国际间共同防止侵略的条约的情况，决定战争状态的宣布；⑤决定全国总动员或者局部动员；⑥决定全国或者个别省、自治区、直辖市进入紧急状态。

93. [答 案] B

[解 析] 调查委员会进行调查时，有关的国家机关、社会团体、企业事业组织和公民都有义务向其提供必要的材料。提供材料的公民要求对材料来源保密的，调查委员会应当予以保密。调查委员会在调查过程中，可以不公布调查的情况和材料。A 项正确，不当选。

根据《全国人民代表大会组织法》第35条的规定，全国人大专门委员会属于常设机关，临时调查委员会属于非常设机关。B项错误，当选。

各专门委员会的主任委员、副主任委员和委员的人选由主席团在代表中提名，全国人大会议表决通过。在大会闭会期间，全国人大常委会可以任免专门委员会的副主任委员和委员，由委员长会议提名，常委会会议表决通过。C项正确，不当选。

《立法法》第22条规定："列入全国人民代表大会会议议程的法律案，由有关的专门委员会进行审议，向主席团提出审议意见，并印发会议。"《立法法》第23条规定："列入全国人民代表大会会议议程的法律案，由宪法和法律委员会根据各代表团和有关的专门委员会的审议意见，对法律案进行统一审议，向主席团提出审议结果报告和法律草案修改稿，对涉及的合宪性问题以及重要的不同意见应当在审议结果报告中予以说明，经主席团会议审议通过后，印发会议。"D项正确，不当选。

📝 **设题陷阱及常见错误分析**

（1）专门委员会不仅能审议全国人大主席团交付的议案，而且能审议全国人大常委会交付的议案；

（2）专门委员会之间对法律草案的重要问题意见不一致时，应当向委员长会议报告；

（3）调查委员会属于临时委员会，无一定任期，调查任务一经完成，该委员会即予撤销；

（4）全国人大及其常委会领导专门委员会的工作；

（5）宪法和法律委员会审议法律案时，应当邀请有关的专门委员会的成员列席会议，发表意见。

94. [答案] A

[解析] 国家荣誉称号的名称冠以"人民"，也可以使用其他名称。国家荣誉称号的具体名称由全国人民代表大会常务委员会在决定授予时确定。B项错误。

全国人大常委会委员长会议根据各方面的建议，向全国人大常委会提出授予国家勋章、国家荣誉称号的议案。国务院、中央军事委员会可以向全国人大常委会提出授予国家勋章、国家荣誉称号的议案。C项错误。

中华人民共和国主席进行国事活动，可以直接授予外国政要、国际友人等人士"友谊勋章"。D项错误。这里必须注意，国家主席直接授予"友谊勋章"，限于"进行国事活动"之时，D项未考虑这一点，因此错误。

95. [答案]HI

[解析]各级人大及县级以上各级人大常委会选举或者决定任命的国家工作人员，以及各级政府、监察委员会、法院、检察院任命的国家工作人员，在就职时应当公开进行宪法宣誓。A项错误。

全国人大选举或者决定任命的国家机关工作人员由全国人大会议主席团组织宣誓仪式。全国人大常委会任命或者决定任命的国家机关工作人员的宪法宣誓仪式，原则上由全国人大常委会委员长会议组织，但是有三个例外：①除院长外，最高法的其他组成人员的宪法宣誓由最高法自行组织；②除检察长外，最高检的其他组成人员的宪法宣誓由最高检自行组织；③全国人大常委会任命或者决定任命的中华人民共和国驻外全权代表的宪法宣誓由外交部组织。BG两项错误。

我国的宪法宣誓可以采取单独宣誓或者集体宣誓的形式。C项错误。

宪法宣誓都在正式就职时公开举行。DE两项错误。

单独宣誓时，宣誓人应当左手抚按《宪法》，右手举拳，诵读誓词。集体宣誓时，由一人领誓，领誓人左手抚按《宪法》，右手举拳，领诵誓词；其他宣誓人整齐排列，右手举拳，跟诵誓词。F项错误。

96. [答案]ABCF

[解析]根据《宪法》第75条的规定，全国人大代表在全国人大各种会议上，只是发言和表决不受法律追究，并非所有的活动都不受法律追究。A项错误，当选。

根据《宪法》第74条的规定，在全国人大闭会期间，其代表的逮捕或者刑事审判，应当是必须"经全国人民代表大会常务委员会许可"，而不是"主席团"。B项错误，当选。

因刑事案件被羁押正在受侦查、起诉、审判的，或者被依法判处管制、拘役或者有期徒刑而没有附加剥夺政治权利，正在服刑的，应当暂时停止执行代表职务。上述情形在代表任期内消失后，恢复其执行代表职务。C项错误，当选。

未经批准2次不出席本级人大会议的，或者被罢免的，或者依照法律被剥夺政治权利的，或者丧失中国国籍的，或者迁出或调离本行政区域的，或者辞职被接受的，其代表资格终止。D项正确，不当选。

全国人大代表要求在大会全体会议上发言的，应当在会前向秘书处报名，由大会执行主席安排发言顺序；在大会全体会议上临时要求发言的，经大会执行主席许可，始得发言。E项正确，不当选。

主席团成员和代表团团长或者代表团推选的代表在主席团每次会议上发言的，每人可以就同一议题发言2次，第一次不超过15分钟，第二次不超过10分钟。经会议主持人许可，发言时间可以适当延长。F项错误，当选。

97. [答案] AD

[解析] 国家主席负责宣布国务院的组成人员（全国人大或其常委会决定）和驻外全权代表（全国人大常委会决定）的任免。AD两项正确。

国家副主席的人选由主席团提名，全国人大选举产生；国务委员的人选由国务院总理提名。B项错误。

进行国事活动和接受外国使节属于国家主席的固有职权，不需要根据全国人大常委会的决定。C项错误。

✎ 设题陷阱及常见错误分析

国家主席还可以根据全国人大常委会的决定，宣布批准和废除条约和重要协定，发布特赦令、动员令，宣布进入紧急状态，宣布战争状态等。

98. [答案] C

[解析] 总理召集和主持国务院常务会议和国务院全体会议，拥有最后决定权，并对决定的后果承担全部责任。A项正确，不当选。

总理领导国务院的工作；副总理、国务委员协助总理工作；其他人员都在总理领导下工作，向总理负责。审计机关在国务院总理领导下，依法独立行使审计监督权，不受其他行政机关、社会团体和个人的干涉。B项正确，不当选。

国务院的组成人员包括：总理、副总理、国务委员、各部部长、各委员会主任、中国人民银行行长、审计长、秘书长。其中，只有总理、副总理、国务委员连续任职不得超过2届。C项错误，当选。

国务院常务会议由总理、副总理、国务委员、秘书长组成，一般每周1次。D项正确，不当选。

99. [答案]BD

[解析] 根据《宪法》的规定，国民经济和社会发展计划和国家预算由国务院编制，之后提交全国人大审批，审批之后再交由国务院执行。执行过程中需要做部分调整的，在全国人大闭会期间，交全国人大常委会审批。可见，国务院只有编制权和执行权，审批权在全国人大及其常委会手里。A项不当选。

C项属于全国人大常委会的职权范围，不当选。

因此，BD两项当选。

100. [答案]ACD

[解析] 宪法修正案的公布主体在《立法法》中没有明文规定，根据惯例，是由全国人大主席团公布的。A项错误，当选。

所有的法律均由国家主席公布。B项正确，不当选。

根据《立法法》第88条第1款的规定，省、自治区、直辖市的人大制定的地方性法规由大会主席团发布公告予以公布。C项错误，当选。

行政法规由总理签署国务院令公布，并在国务院公报、中国政府法制信息网和在全国范围内发行的报纸上刊载。D项错误，当选。

✐ 设题陷阱及常见错误分析

（1）所有法律均由国家主席发布主席令加以公布；

（2）立法解释通过后，由全国人大常委会自行公布；

（3）需要在中国人大网上公布的规范性法文件包括法律、地方性法规以及自治条例和单行条例；

（4）需要在中国政府法制信息网上公布的规范性法文件包括行政法规和行政规章。

101. [答案] BDHJ

[解析] 被调查人涉嫌贪污贿赂、失职渎职等严重职务违法或者职务犯罪，监察机关已经掌握其部分违法犯罪事实及证据，仍有重要问题需要进一步调查，并有下列情形之一的，经监察机关依法审批，可以将其留置在特定场所：①涉及案情重大、复杂的；②可能逃跑、自杀的；③可能串供或者伪造、隐匿、毁灭证据的；④可能有其他妨碍调查行为的。可见，留置的要件包括如下四个方面：①被调查人涉嫌贪污贿赂、失职渎职等严重职务违法或者职务犯罪；②监察机关已经掌握其部分违法犯罪事实及证据，仍有重要问题需要进一步调查；③有上列四种情形之一；④经监察机关依法审批。A 项错误。

对涉嫌行贿犯罪或者共同职务犯罪的涉案人员，监察机关可以依照前述规定采取留置措施。B 项正确。

依法应当留置的被调查人如果在逃，监察机关可以决定在本行政区域内通缉，由公安机关发布通缉令，追捕归案。通缉范围超出本行政区域的，应当报请有权决定的上级监察机关决定。C 项错误，应由公安机关发布通缉令。

调查人员采取讯问、询问、留置、搜查、调取、查封、扣押、勘验检查等调查措施，均应当依照规定出示证件，出具书面通知，由 2 人以上进行，形成笔录、报告等书面材料，并由相关人员签名、盖章。D 项正确。

监察机关采取留置措施，应当由监察机关领导人员集体研究决定。设区的市级以下监察机关采取留置措施，应当报上一级监察机关批准。省级监察机关采取留置措施，应当报国家监察委员会备案。EF 两项错误。

留置时间不得超过 3 个月。在特殊情况下，可以延长 1 次，延长时间不得超过 3 个月。G 项错误。

省级以下监察机关采取留置措施的，延长留置时间应当报上一级监察机关批准。监察机关发现采取留置措施不当的，应当及时解除。H

项正确。

对被调查人采取留置措施后，应当在 24 小时以内，通知被留置人员所在单位和家属，但有可能毁灭、伪造证据，干扰证人作证或者串供等有碍调查情形的除外。有碍调查的情形消失后，应当立即通知被留置人员所在单位和家属。I 项错误。

监察机关应当保障被留置人员的饮食、休息和安全，提供医疗服务。讯问被留置人员应当合理安排讯问时间和时长，讯问笔录由被讯问人阅看后签名。J 项正确。

被留置人员涉嫌犯罪移送司法机关后，被依法判处管制、拘役和有期徒刑的，留置 1 日折抵管制 2 日，折抵拘役、有期徒刑 1 日。K 项错误。

监察机关及其工作人员有下列行为之一的，被调查人及其近亲属有权向该机关申诉：①留置法定期限届满，不予以解除的；②查封、扣押、冻结与案件无关的财物的；③应当解除查封、扣押、冻结措施而不解除的；④贪污、挪用、私分、调换以及违反规定使用查封、扣押、冻结的财物的；⑤其他违反法律法规、侵害被调查人合法权益的行为。受理申诉的监察机关应当在受理申诉之日起 1 个月内作出处理决定。申诉人对处理决定不服的，可以在收到处理决定之日起 1 个月内向上一级监察机关申请复查，上一级监察机关应当在收到复查申请之日起 2 个月内作出处理决定，情况属实的，及时予以纠正。LM 两项错误。

第5编　司法制度和法律职业道德

专题 ⑬ 概　述

102. 关于司法的概念、特征和功能，下列哪些说法是正确的？（　　）

　　A. 司法历来便与社会冲突相伴相随，只要有社会冲突存在，即便是在古代社会，司法也必然成为社会架构中的一个组件

　　B. 一直以来，"司法"便是一种独立的解决纠纷的形态和制度

　　C. 使分权学说成为西方国家的一项普遍性的宪法原则的学者是乔治·劳森

　　D. 通过美国宪法的规定，分权学说由学术层面进入现实政治领域，司法的概念逐步呈现出技术性、程序性的特点

　　E. 相对于其他纠纷解决方式，司法成为现代社会最重要的解决争端的手段

　　F. 在不同的法律文化传统、不同的司法体制、不同的政治制度的国家中，司法的实际功能其实是一样的

　　G. 司法具有解决纠纷、调整社会关系的直接功能，也具有人权保障、解释和补充法律、形成公共政策、秩序维持等间接功能

　　H. 惩罚犯罪也是我国司法机关的功能

　　I. 我国司法"解决纠纷"的功能应当延伸拓展到"案结事了"的程度，这是司法功能内在发展规律的必然要求

　　J. 在法治社会里，只要公民的权利受到侵犯，就应允许其通过司法途径寻求救济，这是司法最终解决原则的基本要求

　　K. 社会关系相对于法律而言具有滞后性，因此，法官在司法过程中不应当机械性地适用法律

　　L. 形成公共政策功能的发挥，表明现代司法的作用已经不再局限于就具体纷争事件进行个别性的解决，而是超越于各该具体个别事件，对于

一般社会主体的利害取向或价值观念，造成事实上的波及或影响

103. 司法公正要求当事人地位的平等性。下列哪些表述体现了平等性的要求？（   ）

    A. 当事人享有平等的诉讼权利

    B. 适用法律时，事实要调查清楚，证据要确凿可靠，经得起历史检验

    C. 法院平等地保护当事人诉讼权利的行使

    D. 那些利益或权利可能会受到民事裁判或诉讼结局直接影响的人应当有充分的机会富有意义地参与诉讼的过程

104. 下列哪些做法属于违反职业道德，应被严格禁止的行为？（   ）

    A. 章法官在与大学同学聚会时讲了本院在审理某社会热点案件过程中审判委员会内部的争议情况

    B. 戴警官基于助人为乐的目的为其所办案件的被害人家属推荐了白律师作为诉讼代理人

    C. 左检察官在下班回家途中手机失窃，偶遇在办案件的被告人的辩护律师陈某，遂向其借用了手机，第二日归还

    D. 在委托拍卖活动中，郏法官与拍卖公司约定抬高起拍价，拍卖公司应将佣金的10%付给郏法官作为回扣

    E. 在审理农民工白某请求支付劳务报酬一案的过程中，杨法官的妻子接受了白某赠送的一篮子土鸡蛋，价值人民币25元

    F. 在案件办理过程中，胡法官需要接待当事人的律师尤某，但因法院接待室装修施工，双方约定在法院附近的一家咖啡馆的大厅中见面

    G. 在案件办理过程中，孙检察官在参加一场学术会议时与该案件的一方代理律师偶然相遇，双方寒暄3分钟，没有就相关案件交流任何信息。孙检察官认为，此种情况不需要报告

    H. 周法官从法院离任后，作为近亲属到原任职法院代理了其父亲的诉讼

专题 ⑭ 审判制度与法官职业道德

105. 关于审判委员会，下列哪一说法是正确的？（   ）

A. 审判委员会会议只能由院长主持

B. 审判委员会举行会议时，本级人民检察院检察长或者检察长委托的副检察长可以列席会议

C. 审判委员会召开专业委员会会议，应当有其组成人员的 2/3 以上多数出席方能举行

D. 各级人民法院根据审判工作需要，可以按照审判委员会委员专业和工作分工，召开刑事审判、民事行政审判等专业委员会会议

E. 审判委员会由院长、副院长、庭长、副庭长和若干资深法官组成，成员应当为单数

F. 最高人民法院发布指导性案例，应当由审判委员会全体会议讨论通过

106. 下列哪一情况不适用任职回避，可以同时任职？（　　　）

A. 王某夫妻在同一人民法院同时担任院长、副庭长

B. 车某父子在同一人民法院同时担任副院长、审判员

C. 周某及其女婿在同一审判庭担任审判员

D. 武某在某省高级人民法院担任审判员，其女儿在该省某中级人民法院担任院长

107. 关于法官的回避，下列哪些说法是正确的？（　　　）

A. 王某系某市中级人民法院的副院长，其妻子在其任职法院的辖区内开办律师事务所，王某应当执行任职回避

B. 李法官在某县人民法院执行庭担任要职，其女在该县以律师身份为案件当事人提供诉讼代理，李某应当实行任职回避

C. 周法官的儿子在某市中级人民法院辖区内以律师身份从事无偿法律咨询服务，该市中级人民法院在选拔任用国家赔偿岗位的工作人员时，不得将周法官作为拟任人选

D. 钱法官在审理某上市公司债务纠纷案件时，发现自己持有该上市公司的股票，钱法官无需主动申请回避

专题 ⑮ 检察制度与检察官职业道德

108. 关于检察制度，下列哪些说法是正确的？（　　　）

A. 中国的检察制度属于大陆法系检察制度

B. 在我国，检察机关是与立法机关、行政机关、审判机关平行的国家机关

C. 大陆法系国家通常将检察机关定位为公诉机关，而其法律监督的力度和效能并不明显

D. 各级检察院设立检察委员会，实行民主集中制

E. 在地方各级检察院的检察委员会开会讨论重大事项时，如果检察长不同意多数人的决定，应当报请上级检察院决定

F. 上下级检察院和检察官之间存在着上命下从的领导关系

G. 检察官之间、检察院之间在职务上可以发生相互承继、移转和代理的关系

H. 在我国，检察机关依法有权对法院的刑事诉讼、行政诉讼活动是否合法进行监督，但原则上不对民事诉讼活动进行法律监督

I. 我国检察院的领导体制是双重领导体制

109. 关于检察机关，下列哪些表述是正确的？（　　）

A. 基层人民检察院有权在辖区内人口较多、辐射功能强的乡镇、社区设置派出机构即派出检察室，负责受理举报、控告、申诉，开展法治宣传和职务犯罪预防，化解矛盾纠纷

B. 只有省级人民检察院有权根据工作需要，提请本级人大常委会批准，在工矿区、农垦区、林区等区域设置人民检察院，作为派出机构

C. 在人民检察院内部实行的是检察长负责制与检察委员会集体领导相结合的领导体制

D. 检察委员会必须有全体组成人员过半数出席，才能召开

110. 为紧贴司法体制改革对检察官职业道德提出的新要求，突出检察职业特色，坚持删繁就简，2016年11月4日，最高人民检察院第十二届检察委员会第五十七次会议通过了《检察官职业道德基本准则》。根据该准则，检察官职业道德的基本要求为忠诚、为民、担当、公正、廉洁五个方面。下列哪些选项体现了"担当"的道德要求？（　　）

A. 善于运用法治思维和法治方式，将不公平、不公正现象纳入法治轨道来解决

B. 从思想深处打牢维护人民权益的根基，自觉从人民最满意的事情做起，从人民最不满意的问题改起

C. 严肃查处职务犯罪案件，对于重大案件特别是人民群众高度关注的案件，果断决策、坚决查办

D. 热爱人民检察事业，珍惜检察官荣誉，忠实履行法律监督职责，自觉接受监督制约，维护检察机关的形象和检察权的公信力

E. 坚守良知、公正司法、司法公开，自觉接受人民群众和社会的监督，以公开促公正

F. 对工作中出现的失误和错误，主动承担，认真汲取教训

专题 16　律师制度与律师职业道德

111. 关于律师的执业许可，下列说法正确的有：（　　）

A. 律师虽然不属于国家公职人员，但享有国家赋予的公共权力

B. 我国实行法律职业资格证书与律师执业证书相统一的制度

C. 取得法律职业资格后，5 年内不从事律师工作的，丧失法律职业资格

D. 申请人受过刑事处罚的，不予颁发律师执业证书

E. 公务员不能兼任执业律师

F. 律师不得兼任人大常委会组成人员

G. 法官（检察官）离任后，2 年内不得以律师身份担任诉讼代理人或者辩护人

H. 律师最多只能在 3 个律师事务所执业

112. 根据《律师执业管理办法》的规定，关于律师的义务，下列说法正确的有：（　　）

A. 律师受到停止执业处罚期间内，不得申请变更执业机构

B. 律所受到停业整顿处罚期限未满的，该所所有的律师不得申请变更执业机构

C. 律所应当终止的，在完成清算、办理注销前，该所所有的合伙人不得申请变更执业机构

D. 律师正在接受司法机关、司法行政机关、律师协会立案调查期间，应申请注销执业证书

E. 律师和律所可以加入所在地的地方律师协会

F. 律师对在执业活动中知悉的委托人和其他人不愿泄露的有关情况和信息，即便是委托人正在实施严重危害他人财产安全的犯罪事实，也应当予以保密

G. 律师接受委托后，发现委托人故意隐瞒与案件有关的重要事实的，律师有权拒绝辩护或者代理

H. 为实现个案正义，律师可以以串联组团、联署签名、发表公开信、组织网上聚集、声援等方式，制造舆论压力，批评司法机关

I. 会见在押犯罪嫌疑人、被告人时，律师可以带犯罪嫌疑人、被告人的近亲属或者其他利害关系人参与会见

J. 会见在押犯罪嫌疑人、被告人时，律师有权将通讯工具提供给在押犯罪嫌疑人、被告人使用

K. 为帮助受冤枉的委托人，律师可以采取组织当事人或者其他人员到司法机关举牌、打横幅、喊口号等手段，制造影响，向有关部门施加压力

113. 关于律师事务所，下列说法正确的有：（   ）

A. 律师事务所应当把拥护中国共产党领导，拥护社会主义法治作为从业的基本要求

B. 律师事务所作为市场中介组织，可以从事包括法律服务在内的各种经营活动

C. 民族自治地方的律师事务所可以同时使用2个名称

D. 律师事务所的名称，不得使用设立人的姓名连缀或者姓氏连缀作字号

E. 设立普通合伙律师事务所，必须有3名以上合伙人作为设立人

F. 设立特殊的普通合伙律师事务所，应当有20名以上合伙人作为设立人，设立人均应当是具有5年以上执业经历并能够专职执业的律师

G. 律师事务所可以以独资、与他人合资或者委托持股方式兴办企业，并委派本所律师担任企业法定代表人、总经理职务

H. 对于合伙律师事务所而言，合伙人在执业活动中造成的律师事务所债务，由全体合伙人承担无限连带责任

114. 下列哪一情况不违反《律师法》的规定？（   ）

A. 甲律师原在深圳某律师事务所执业，迁居后转入北京某律师事务所，

同时仍在深圳某律师事务所执业

  B. 大学教授乙在学校不知情的情况下，申请兼职律师执业并要求受理机关保密

  C. 丙律师在担任县人大常委会委员期间，代理了一起为农民工追讨工资的诉讼

  D. 某律师事务所在办理购房按揭贷款业务时，凡客户以现金交纳代理费的，只出具本所内部收据，不开发票

  E. 丁法学专业本科毕业后，尚未取得律师执业证书，在一家律师事务所参与非诉讼法律事务

  F. 律师事务所受委托保管委托人财产时，将委托人财产与律师事务所的财产、律师个人财产作整体投资，以保障委托人的利益

115. 王某在因抢劫被一审法院判处 4 年有期徒刑后提出上诉。王父从报纸上看到张律师专打刑事诉讼官司的广告后，找到张律师。张律师称其有多年办理刑事上诉案件的经验，胜诉率在 90% 以上，而且二审法院的承办法官是他的同学，他有把握争取改判。经张律师提议，王父同意聘请其担任王某的二审辩护人，律师费为 3 万元，如果改判无罪，则另付 7 万元；改判缓刑，则另付 5 万元。在张律师的暗示下，王父去做受害人杨某的工作，希望杨某私了，如改变证词，则付 4 万元。根据上述事实，张律师的下列哪些行为违反了律师执业行为规范？（　　）

  A. 明示与司法机关的特殊关系

  B. 为承揽业务作虚假承诺，对委托人进行误导

  C. 对本案采用风险代理，根据诉讼结果确定收费额度

  D. 怂恿委托人制造伪证

专题 ⑰ 公证制度与公证员职业道德

116. 关于公证，下列哪些说法是错误的？（　　）

  A. 公证制度是国家司法制度的重要组成部分，属于民事程序法的范畴

  B. 公证机构既对无争议的事项进行公证，也对有争议的事项进行公证

  C. 公证职能既可能由公证机构行使，也可能由驻外使（领）馆行使

D. 在我国，公证既证明真实性，又证明合法性

E. 我国国家机构发出的证件、证明，如护照、房屋产权证等，均属于公证

F. 公证机构以国家的名义进行公证证明活动

G. 公证是一种预防性的法律制度，其宗旨是通过公证活动预防纠纷，避免不法行为的发生，减少诉讼

H. 公证机构出具的公证文书具有证据效力、强制执行效力、法律行为成立的形式要件效力

I. 公证机构提供服务需要按照一定标准收取费用，以营利为目的

117. 下列哪些不属于公证机构的业务范围？（　　）

A. 证明当事人之间签订合同行为的真实性、合法性

B. 证明继承人放弃遗产权的意思表示真实、合法

C. 证明遗嘱人设立遗嘱的行为真实、合法

D. 证明特定主体的感情状况、婚姻状况

E. 证明当事人与关系人之间的亲属关系的真实性

F. 解除收养关系、断绝父子关系

G. 对与申请人有亲属、抚养等关系的人已经死亡这一法律事实的真实性予以确认

H. 证明当事人特定经历的真实性

I. 证明当事人没有犯罪记录

J. 为了将来进行诉讼的需要，在证据有灭失或难以获得的危险时，申请公证机构依法保全证据

K. 证明对当事人具有法律意义的文书上的签名、印鉴和日期的真实性、合法性

L. 专业技术鉴定、评估类事项

118. 关于公证员，下列表述中哪些是不妥当的？（　　）

A. 公证员办理公证事务，应当在公证书上署名

B. 担任公证员，年龄应当在23周岁以上65周岁以下

C. 从事法学教学、研究工作，具有高级职称的人员，或者具有本科以上学历，从事审判、检察、法制工作、法律服务满10年的公务员、律师，经考核合格的，也可以兼职担任公证员

D. 因犯罪受过刑事处罚的，不得担任公证员

E. 担任公证员，应当由符合公证员条件的人员提出申请，经公证机构推荐，由所在地的司法行政部门报省、自治区、直辖市人民政府司法行政部门任命

F. 公证员变更执业机构，应当经所在公证机构同意和拟任用该公证员的公证机构推荐，报所在地司法行政机关同意后，报省、自治区、直辖市司法行政机关办理变更核准手续

G. 公证员受到停止执业处罚的，停止执业期间，应当将其公证员执业证书缴存所在地司法行政机关

119. 关于公证的申请，下列哪些表述是不正确的？（　　　）

A. 涉及不动产的公证事项，如不动产的委托、声明、赠与、遗嘱等，应当由不动产所在地的公证机构受理

B. 2 个以上当事人共同申办同一公证事项的，可以共同到行为地、事实发生地或者其中一名当事人住所地、经常居住地的公证机构申办

C. 公证事项由当事人住所地、经常居住地、行为地或者事实发生地的公证机构受理

D. 当事人向 2 个以上可以受理该公证事项的公证机构提出申请的，由最后受理申请的公证机构办理

E. 当事人申办遗嘱、遗赠扶养协议、赠与、认领亲子、收养关系、解除收养关系、生存状况、委托、声明、保证及其他与自然人人身有密切关系的公证事项，应当由其本人亲自申办

F. 无民事行为能力人或者限制民事行为能力人申办公证，应当由其监护人代理

G. 申请人申请办理公证，应当填写公证申请表

H. 申请人提供的材料不充分，不能补足或者拒绝补充的，公证机构有权不予办理公证

答案及解析

102. [答案] ADEHIJL

[解析] 在近代，司法方从行政等制度中分离出来；在此之前，"司法"远非一种独立的解决纠纷的形态和制度。B项错误。

法国的孟德斯鸠在《论法的精神》中将裁判权作为与政府其他两种职能同等的职能，强调司法独立、以权力制约权力，使分权学说成为西方国家的一项普遍性的宪法原则。C项错误。

在不同的法律文化传统、不同的司法体制、不同的政治制度的国家中，司法的实际功能千差万别、迥然有别。F项错误。

在司法的功能中，只有解决纠纷属于直接功能，其他都是间接功能。G项错误。

法律相对于社会关系而言具有滞后性，所以法官在司法过程中不应当机械性地适用法律，而是应当根据社会生活的变化，对法律进行正确、完整的阐释。K项错误。

103. [答案] AC

[解析] 适用法律时，事实要调查清楚，证据要确凿可靠，经得起历史检验，这是司法结果的正确性的体现。B项不当选。

那些利益或权利可能会受到民事裁判或诉讼结局直接影响的人应当有充分的机会富有意义地参与诉讼的过程，并对裁判结果的形成发挥其有效的影响和作用，这是司法程序的参与性的体现。D项不当选。

104. [答案] ABCDEFG

[解析] 最高人民法院、最高人民检察院、公安部、国家安全部、司法部联合印发《关于进一步规范司法人员与当事人、律师、特殊关系人、中介组织接触交往行为的若干规定》（以下简称《规定》），以切实保障案件当事人的合法权益，维护国家法律统一正确实施，维护社会公平正义。《规定》第5条明令禁止六种司法人员与当事人、律师、特殊

关系人、中介组织的接触交往行为：①泄露司法机关办案工作秘密或者其他依法依规不得泄露的情况；②为当事人推荐、介绍诉讼代理人、辩护人，或者为律师、中介组织介绍案件，要求、建议或者暗示当事人更换符合代理条件的律师；③接受当事人、律师、特殊关系人、中介组织请客送礼或者其他利益；④向当事人、律师、特殊关系人、中介组织借款、租借房屋，借用交通工具、通讯工具或者其他物品；⑤在委托评估、拍卖等活动中徇私舞弊，与相关中介组织和人员恶意串通、弄虚作假、违规操作等行为；⑥司法人员与当事人、律师、特殊关系人、中介组织的其他不正当接触交往行为。ABCDE 五项均当选，均应被严格禁止。

《规定》第6条明确规定，司法人员在案件办理过程中，应当在工作场所、工作时间接待当事人、律师、特殊关系人、中介组织。因办案需要，确需与当事人、律师、特殊关系人、中介组织在非工作场所、非工作时间接触的，应依照相关规定办理审批手续并获批准。《规定》第7条明确规定，司法人员在案件办理过程中因不明情况或者其他原因在非工作时间或非工作场所接触当事人、律师、特殊关系人、中介组织的，应当在3日内向本单位纪检监察部门报告有关情况。FG 两项也当选。

《规定》第8条规定，司法人员从司法机关离任后，不得担任原任职单位办理案件的诉讼代理人或者辩护人，但是作为当事人的监护人或者近亲属代理诉讼或者进行辩护的除外。H 项做法没有错误，不当选。

105. **[答案]** B

[解析] 审判委员会会议由院长或者院长委托的副院长主持。A 项错误。

审判委员会举行会议时，同级人民检察院检察长或者检察长委托的副检察长可以列席。B 项正确。

审判委员会召开全体会议和专业委员会会议，应当有其组成人员的过半数出席。C 项错误。

审判委员会会议分为全体会议和专业委员会会议。中级以上人民法院根据审判工作需要，可以按照审判委员会委员专业和工作分工，召开刑事审判、民事行政审判等专业委员会会议。D项错误。

审判委员会由院长、副院长和若干资深法官组成，成员应当为单数。E项错误。

最高人民法院对属于审判工作中具体应用法律的问题进行解释，应当由审判委员会全体会议讨论通过；发布指导性案例，可以由审判委员会专业委员会会议讨论通过。F项错误。

106. [答案] D

[解析] 根据《法官法》第23条的规定，法官之间有夫妻关系、直系血亲关系、三代以内旁系血亲以及近姻亲关系的，不得同时担任下列职务：①同一法院的院长、副院长、审判委员会委员、庭长、副庭长；②同一法院的院长、副院长和审判员；③同一审判庭的庭长、副庭长、审判员；④上下相邻两级法院的院长、副院长。D项不属于任职回避情形，可以同时任职。D项当选。

107. [答案] AB

[解析] 根据《最高人民法院关于对配偶父母子女从事律师职业的法院领导干部和审判执行人员实行任职回避的规定》第2条的规定，各级人民法院的领导班子成员及审判委员会委员，以及各级人民法院立案、审判、执行、审判监督、国家赔偿等部门的领导班子成员、法官、法官助理、执行员，其配偶、父母、子女担任其所任职人民法院辖区内律师事务所的合伙人或者设立人，或在其所任职人民法院辖区内以律师身份担任诉讼代理人、辩护人，或者为诉讼案件当事人提供其他有偿法律服务的，应当实行任职回避。AB两项正确。

同法第3条规定，人民法院在选拔任用干部时，不得将符合任职回避条件的人员作为法院领导干部和审判执行人员的拟任人选。C项错误。

最高人民法院《关于人民法院落实廉政准则防止利益冲突的若干规定》第6条第1款规定，人民法院工作人员在审理相关案件时，以本人或者他人名义持有与所审理案件相关的上市公司股票的，应主动申请回避。D项错误。

108. [答案] CDFGI

[解 析] 当今世界上有三种类型的检察制度：以英美为代表的英美法系检察制度，以德法为代表的大陆法系检察制度，以中国为代表的社会主义国家检察制度。A 项错误。

在我国，人民代表大会制度下的检察机关，是与行政机关、审判机关平行的国家机关，但其由人大产生，对人大负责，受人大监督。B 项错误。

各级检察院均设立检察委员会，检察委员会实行民主集中制。D 项正确。

地方各级检察院的检察长不同意本院检察委员会多数人的意见，属于办理案件的，可以报请上一级检察院决定；属于重大事项的，可以报请上一级检察院或者本级人大常委会决定。E 项错误。

在我国，检察制度既包括刑事审判监督制度、刑罚执行监督与刑事执行监督制度，也包括民事行政检察制度。H 项错误。

109. [答案] ACD

[解 析] 省级人民检察院和县级人民检察院均有权根据工作需要，提请本级人大常委会批准，在工矿区、农垦区、林区等区域设置人民检察院，作为派出机构。B 项错误。

检察委员会必须有全体组成人员过半数出席，才能召开。D 项正确。

110. [答案] ACEF

[解 析] "担当"要求检察官坚持担当精神，强化法律监督。"担当"突出敢于对司法执法活动的监督、坚守防止冤假错案的底线。其主要体现在以下三个方面：

（1）敢于担当，坚决打击犯罪。

❶坚决打击发生在群众身边损害群众利益的各类犯罪，增强群众安全感和满意度；

❷严肃查处职务犯罪案件，对于重大案件特别是人民群众高度关注的案件，果断决策、坚决查办；

❸对于人民群众反映的司法不严、司法不公的现象，敢于监督、善于监督，提高执法公信力。

（2）敢于担当，司法公开，依法办案。

❶坚守良知、公正司法、司法公开，自觉接受人民群众和社会的监督，以公开促公正；

❷善于运用法治思维和法治方式，将不公平、不公正现象纳入法治轨道来解决。

（3）敢于担当，直面矛盾，正视问题。

❶善于发现、勇于承认工作中存在的问题，在深入分析问题症结中找到化解矛盾的办法；

❷对工作中出现的失误和错误，主动承担，认真汲取教训；

❸坚持从严治检，对违法违纪人员要以零容忍的态度严肃查处，坚决清除害群之马。

可见，ACEF四项当选。

B项中，从思想深处打牢维护人民权益的根基，始终坚持司法为民的理念，自觉从人民最满意的事情做起，从人民最不满意的问题改起，更好地尊重和保障人权，维护公平正义，很明显体现的是"为民"的道德准则。B项不当选。

D项中，热爱人民检察事业，珍惜检察官荣誉，忠实履行法律监督职责，自觉接受监督制约，维护检察机关的形象和检察权的公信力，体现的是"忠诚"的道德准则。D项不当选。

111. [答案]EG

[解析]律师具有服务性、专业性和受托性。律师不属于国家公职人员，不享有国家赋予的公共权力，其是通过当事人的委托或有关单位的指定而提供法律服务，并通过自身的专业知识和法律技能获得报酬。A项错误。

我国实行法律职业资格证书与律师执业证书相分离的制度，即取得法律职业资格后，只有同时满足其他条件，且本人提出执业申请，经司法行政机关批准并颁发律师执业证书，方可担任律师，从事律师业务。取得法律职业资格后，不从事律师工作的，可以继续保留法律职业资格。BC 两项错误。

申请人有下列情形之一的，不予颁发律师执业证书：①无民事行为能力或者限制民事行为能力的；②受过刑事处罚的，但过失犯罪的除外；③被开除公职或者被吊销律师、公证员执业证书的。可见，因过失犯罪受过刑事处罚的，不影响颁发律师执业证书。D 项错误。

公务员不能兼任执业律师。E 项正确。

律师可以兼任人大常委会组成人员，但任职期间不得从事诉讼代理或者辩护业务。F 项错误。

法官（检察官）离任后，2 年内不得以律师身份担任诉讼代理人或者辩护人；不得担任原任职单位办理案件的诉讼代理人或者辩护人。可见，只是不得以律师身份担任，以非律师身份可以。G 项正确。

律师只能在一个律师事务所执业。H 项错误。

112. [答案] ACFG

[解析] 律师变更执业机构的，应当向拟变更的执业机构所在地设区的市级或直辖市的区（县）司法行政机关申请换发律师执业证书。律师受到停止执业处罚期间内，不得申请变更执业机构。A 项正确。

律所受到停业整顿处罚期限未满的，其负责人、合伙人和对该处罚负有直接责任的律师不得申请变更执业机构。B 项错误。

律所应当终止的，在完成清算、办理注销前，该所负责人、合伙人和对律所被吊销执业许可证负有直接责任的律师不得申请变更执业机构。C 项正确。

律师正在接受司法机关、司法行政机关、律师协会立案调查期间，不得申请注销执业证书。D 项错误。

律师和律所必须加入所在地的地方律师协会，并履行律师协会章程规定的义务；加入地方律协的律师和律所，同时是全国律师协会的会员。E 项错误，律师和律所实行的是强制入会。

律师应当保守在执业活动中知悉的国家秘密、商业秘密，不得泄露当事人的隐私。律师对在执业活动中知悉的委托人和其他人不愿泄露的有关情况和信息，应当予以保密。但是，委托人或者其他人准备或者正在实施危害国家安全、公共安全以及严重危害他人人身安全的犯罪事实和信息除外。可见，严重危害他人财产安全的犯罪不包括在报告义务当中。F项正确。

律师接受委托后，无正当理由的，不得拒绝辩护或者代理。但是，委托事项违法、委托人利用律师提供的服务从事违法活动或者委托人故意隐瞒与案件有关的重要事实的，律师有权拒绝辩护或者代理。G项正确。

律师不得以不正当方式影响依法办案，不得以串联组团、联署签名、发表公开信、组织网上聚集、声援等方式或者借个案研讨之名，制造舆论压力，攻击、诋毁司法机关和司法制度。H项错误。

律师应当遵守法庭、仲裁庭纪律和监管场所规定、行政处理规则，会见在押犯罪嫌疑人、被告人时，不得违反有关规定，携带犯罪嫌疑人、被告人的近亲属或者其他利害关系人会见，不得将通讯工具提供给在押犯罪嫌疑人、被告人使用，或者传递物品、文件。IJ两项错误。

律师不得采取煽动、教唆和组织当事人或者其他人员到司法机关或者其他国家机关静坐、举牌、打横幅、喊口号、声援、围观等扰乱公共秩序、危害公共安全的非法手段，聚众滋事，制造影响，向有关部门施加压力。K项错误明显。

113. [答案] AE

[解析] 律师事务所应当把拥护中国共产党领导，拥护社会主义法治作为从业的基本要求。律师事务所应当加强党的建设，具备条件的应当及时成立党组织，暂不具备条件的，应当通过党建工作指导员等方式开展党的工作。律师事务所应当支持党组织开展活动，建立完善党组织参与律师事务所决策、管理的工作机制，发挥党组织的政治核心作用和律师党员的先锋模范作用。A项正确。

律师事务所不得从事法律服务以外的经营活动。B项错误。

律师事务所只能选择、使用一个名称。律师事务所名称应当使用符合国家规范的汉字。民族自治地方律师事务所的名称，可以同时使用本民族自治地方通用的民族语言文字。C项错误。

律师事务所名称应当由"省（自治区、直辖市）行政区划地名、字号、律师事务所"三部分内容依次组成。合伙律师事务所的名称，可以使用设立人的姓名连缀或者姓氏连缀作字号。D项错误。

设立普通合伙律师事务所，必须有3名以上合伙人作为设立人，设立人均应当是具有3年以上执业经历并能够专职执业的律师，同时还应当有人民币30万元以上的资产。E项正确。

设立特殊的普通合伙律师事务所，应当有20名以上合伙人作为设立人，设立人均应当是具有3年以上执业经历并能够专职执业的律师，有人民币1000万元以上的资产。F项错误。

严禁律师事务所投资入股兴办企业，其不得以独资、与他人合资或者委托持股方式兴办企业，并委派律师担任企业法定代表人、总经理职务。G项错误。

在普通合伙律师事务所中，合伙人对律师事务所的债务承担无限连带责任。对于特殊的普通合伙律师事务所而言，合伙人在执业活动中非因故意或者重大过失造成的律师事务所债务，由全体合伙人承担无限连带责任。但是，一个或者若干合伙人因故意或者重大过失造成律师事务所债务的，应当承担无限责任或者无限连带责任，其他合伙人以其在律师事务所中的财产份额为限承担责任。H项错误。

114. [答案] E

[解析] 根据《律师法》第10条第1款的规定，律师只能在一个律师事务所执业。A项不当选。

根据《律师法》第12条的规定，高等院校、科研机构中从事法学教育、研究工作的人员，必须经所在单位同意，方可申请兼职律师执业。B项不当选。

根据《律师法》第11条第2款的规定，律师担任各级人民代表大会常务委员会组成人员的，任职期间不得从事诉讼代理或者辩护业务。C项不当选。

委托人所支付的费用应当直接交付律师事务所，律师事务所开具正式的律师收费凭证。D项不当选。

没有取得律师执业证书的人员，不得以律师名义从事法律服务业务。E项中，丁虽然未取得律师执业证书，但是，他并没有以律师名义从事法律服务业务，也没有以律师名义代理诉讼或辩护业务，而仅是参与一些非诉讼法律事务，此种行为不违反《律师法》的规定。E项当选。

律师事务所受委托保管委托人财产时，应当将委托人财产与律师事务所的财产、律师个人财产严格分离。因此，用于投资并不妥当。F项不当选。

115. [答 案] ABCD

[解 析] 根据《律师执业行为规范（试行）》的规定，律师在执业活动中不得向委托人明示或暗示自己或其属的律师事务所与司法机关、政府机关、社会团体及其工作人员具有特殊关系。A项当选。

律师不得为谋取代理或辩护业务而向委托人作虚假承诺，接受委托后也不得违背事实和法律规定作出承诺。B项当选。

禁止刑事诉讼案件、行政诉讼案件、国家赔偿案件以及群体性诉讼案件实行风险代理收费。C项当选。

律师不得协助或怂恿委托人、司法人员、行政人员或仲裁人员进行违反法律的行为。D项当选。

116. [答 案] BEI

[解 析] 公证机构仅对无争议的事项进行公证。B项错误，当选。

公证职能只能由公证机构统一行使。《公证法》第45条规定，中华人民共和国驻外使（领）馆可以依照本法的规定或者中华人民共和国缔结或者参加的国际条约的规定，办理公证。C项正确，不当选。

我国国家机构发出的证件、证明，如护照、房屋产权证等，不是公证。只有公证机构依法出具的证明才称为"公证"。E项错误，当选。

公证机构提供服务需要按照一定标准收取费用，但不以营利为目的。I项错误，当选。

117. [答 案] DFL

[解 析] A项为合同公证，不当选。

B项为继承公证，不当选。

C 项为遗嘱公证，不当选。

D 项中的婚姻状况属于公证机构的业务范围，但感情状况不属于。D 项当选。

E 项为亲属关系公证，不当选。

F 项中，解除收养关系属于公证机构的业务范围，但断绝父子关系不属于。F 项当选。

G 项为死亡公证，属于公证机构的业务范围，不当选。

H 项为经历公证，不当选。

I 项为有无犯罪记录公证，不当选。

J 项为证据保全公证，不当选。

K 项为有法律意义的文书的公证，不当选。

申请公证的事项属专业技术鉴定、评估事项的，公证机构不予办理公证。L 项当选。

118. [答案] BCDE

[解析] 担任公证员，年龄应当在 25 周岁以上 65 周岁以下。年满 23 周岁是法官和检察官的要求。B 项当选。

从事法学教学、研究工作，具有高级职称的人员，或者具有本科以上学历，从事审判、检察、法制工作、法律服务满 10 年的公务员、律师，已经离开原工作岗位，经考核合格的，可以担任公证员。C 项当选。

因故意犯罪或者职务过失犯罪受过刑事处罚的，不得担任公证员；被开除公职的，或者被吊销公证员、律师执业证书的，不得担任公证员。D 项当选。

担任公证员，应当由符合公证员条件的人员提出申请，经公证机构推荐，由所在地的司法行政部门报省、自治区、直辖市人民政府司法行政部门审核同意后，报请国务院司法行政部门任命，并由省、自治区、直辖市人民政府司法行政部门颁发公证员执业证书。E 项当选。

119. [答案] AD

[解析] 公证事项由当事人住所地、经常居住地、行为地或者事实发生地的公证机构受理。涉及不动产的公证事项，由不动产所在地的公证

机构受理；涉及不动产的委托、声明、赠与、遗嘱的公证事项，可以由当事人住所地、经常居住地、行为地或者事实发生地的公证机构受理。A项错误，当选；C项正确，不当选。

2个以上当事人共同申办同一公证事项的，可以共同到行为地、事实发生地或者其中一名当事人住所地、经常居住地的公证机构申办。B项正确，不当选。

当事人向2个以上可以受理该公证事项的公证机构提出申请的，由最先受理申请的公证机构办理。D项错误，当选。

当事人申请办理公证，可以委托他人代理，但申办遗嘱、遗赠扶养协议、赠与、认领亲子、收养关系、解除收养关系、生存状况、委托、声明、保证及其他与自然人人身有密切关系的公证事项，应当由其本人亲自申办。E项正确，不当选。

无民事行为能力人或者限制民事行为能力人申办公证，应当由其监护人代理。法人申办公证，应当由其法定代表人代表。其他组织申办公证，应当由其负责人代表。F项正确，不当选。

《公证程序规则》第17条规定："自然人、法人或者其他组织向公证机构申请办理公证，应当填写公证申请表。公证申请表应当载明下列内容：①申请人及其代理人的基本情况；②申请公证的事项及公证书的用途；③申请公证的文书的名称；④提交证明材料的名称、份数及有关证人的姓名、住址、联系方式；⑤申请的日期；⑥其他需要说明的情况。申请人应当在申请表上签名或者盖章，不能签名、盖章的由本人捺指印。"G项正确，不当选。

《公证程序规则》第48条规定："公证事项有下列情形之一的，公证机构应当不予办理公证：①无民事行为能力人或者限制民事行为能力人没有监护人代理申请办理公证的；②当事人与申请公证的事项没有利害关系的；③申请公证的事项属专业技术鉴定、评估事项的；④当事人之间对申请公证的事项有争议的；⑤当事人虚构、隐瞒事实，或者提供虚假证明材料的；⑥当事人提供的证明材料不充分又无法补充，或者拒绝补充证明材料的；⑦申请公证的事项不真实、不合法的；⑧申请公证的事项违背社会公德的；⑨当事人拒绝按照规定支付公证费的。"根据上述第6项，H项正确，不当选。

答案速查表

题号	答案	题号	答案	题号	答案
1	D	24	BC	46	D
2	BC	25	B	47	B
3	AB	26	C	48	AC
4	ABCD	27	ACD	49	GJ
5	AC	28	ABC	50	AB
6	D	29	BC	51	BCD
7	BD	30（1）	ABCD	52	ABCD
8	ABCD	30（2）	BD	53	ACD
9	C	31	BCD	54	CD
10	ABCD	32	D	55	ABD
11	ABCD	33	DF	56	D
12	ABC	34	AD	57	ABC
13	ABCD	35	CD	58	C
14	B	36	A	59	AD
15	D	37	ABCD	60	D
16	A	38	C	61	ACD
17	AD	39	D	62	A
18	B	40	C	63	ABCD
19	ACD	41	BDE	64	B
20	C	42	ABCD	65	B
21	ACD	43	BE	66	B
22	C	44	ACD	67	ABD
23	ABC	45	C	68	CG

题号	答案	题号	答案	题号	答案
69	BC	86	D	103	AC
70	BC	87	ABCD	104	ABCDEFG
71	B	88	A	105	B
72	DF	89	BD	106	D
73	AC	90	D	107	AB
74	BCDF	91	AD	108	CDFGI
75	CD	92	BCD	109	ACD
76	B	93	B	110	ACEF
77	B	94	A	111	EG
78	D	95	HI	112	ACFG
79	ACD	96	ABCF	113	AE
80	C	97	AD	114	E
81	AD	98	C	115	ABCD
82	CD	99	BD	116	BEI
83	D	100	ACD	117	DFL
84	ABC	101	BDHJ	118	BCDE
85	ABD	102	ADEHIJL	119	AD

图书在版编目（CIP）数据

金题卷. 理论法突破 119 题 / 白斌编著. -- 北京 ： 中国政法大学出版社，2024. 7. -- ISBN 978-7-5764-1568-1

Ⅰ. D920.4

中国国家版本馆 CIP 数据核字第 2024T50P50 号

出　版　者	中国政法大学出版社
地　　　址	北京市海淀区西土城路 25 号
邮寄地址	北京 100088 信箱 8034 分箱　邮编 100088
网　　　址	http://www.cuplpress.com（网络实名：中国政法大学出版社）
电　　　话	010-58908285(总编室) 58908433（编辑部） 58908334(邮购部)
承　　　印	三河市华润印刷有限公司
开　　　本	787mm×1092mm　1/16
印　　　张	7.5
字　　　数	160 千字
版　　　次	2024 年 7 月第 1 版
印　　　次	2024 年 7 月第 1 次印刷
定　　　价	45.00 元

厚大法考（北京）2024年客观题面授教学计划

班次名称		授课时间	标准学费（元）	阶段优惠(元)			备 注
				6.10 前	7.10 前	8.10 前	
暑期系列	暑期主客一体班	7.5~主观题考前	15800	主客一体,无优惠。客观题成绩合格,凭成绩单读主观短训班;客观题未通过,全额退费。			配备本班次配套图书及随堂内部资料
	暑期全程班	7.5~9.5	13800	8800	9300	已开课	
冲刺系列	考前密训A班	8.16~9.5	8800	客观题成绩合格,凭成绩单读主观密训班;客观题未通过,退8000元。			
	考前密训B班	8.16~9.5	6980	4500	4800	5100	

厚大法考（北京）2024年主观题面授教学计划

班次名称		授课时间	标准学费（元）	阶段优惠(元)			备 注
				6.10 前	7.10 前	8.10 前	
冲刺系列	主观实战演练班	9.3~10.16	17800	11800	12800	13800	配备本班次配套图书及随堂内部资料
	主观短训A班	9.28~10.16	12800	一对一批改;专属自习室;专项训练,短时高效,全方位提升应试能力。			
	主观短训B班	9.28~10.16	12800	7300	7800	8300	

其他优惠：

1. 3人（含）以上团报，每人优惠500元。

2. 厚大老学员在阶段优惠基础上再享95折，不再适用团报政策。

3. 协议班次无优惠，不适用以上政策。

【总部及北京分校】北京市海淀区花园东路15号旷怡大厦10层厚大法考

咨询电话：4009-900-600-转1-再转1　　18610642307 陈老师

厚大法考服务号

扫码咨询客服

免费领取2024年备考资料